Bildnachweis:
Die Bilder des Textteils: Mady Host, Cornelia Reinhold
Coverfoto: Mady Host, Cornelia Reinhold
Covergestaltung: Jens Mattausch
Autorenfoto: Candy Szengel Film & Photography
Illustrationen: Jens Mattausch
Videos: Mady Host, Cornelia Reinhold,
Candy Szengel Film & Photography
Karte: Jens Mattausch
Kartenicon: © Stepmap GmbH, Berlin

Bibliografische Information der Deutschen Bibliothek:
Die Deutsche Bibliothek verzeichnet diese Publikation in der deutschen Nationalbibliografie. Detaillierte bibliografische Daten sind im Internet über http://dnb.ddb.de abrufbar.

www.reiseliteratur-verlag.de
www.traveldiary.de

traveldiary Verlag, Mady Host und Cornelia Reinhold GbR
Brauereistraße 4, 39104 Magdeburg

Umschlagentwurf und Layout: Jürgen Bold, Jens Freyler,
Hintergrundfoto © Carola Vahldiek / Fotolia
Satz: traveldiary Verlag, Mady Host und Cornelia Reinhold GbR
Druck: „Standartu Spaustuve“ www.standart.lt, Tel. 37052167527

ISBN 978-3-942617-31-4

Mady Host

Ohrfeigen zum Frühstück

Mit dem Fahrrad 1.600 Kilometer durch Finnland

Videoverzeichnis

S. 37: Rentier auf der Straße
S. 45: Mit der Helmkamera unterwegs
S. 48: Kochen im Wald
S. 51: Ohrfeigen-Frühstück
S. 57: Idylle am See
S. 97: Teppichpflege auf Finnisch
S. 106: Audio: Ich lese vor!
S. 116: So schmeckt Teerschnaps
S. 133: So sieht es aus: Das kleinste Restaurant der Welt
S. 145: Auf dem Aussichtsturm, Kuopio
S. 148: Kalakukko: Verkostung einer lokalen Besonderheit
S. 168: Kameraschwenk durchs Holzhausviertel, Jyväskylä
S. 172: Fahrt am Wasser entlang
S. 176: Berichterstattung aus dem Kanu
S. 194: Radfahrt durch Helsinki
S. 196: Im Riesenrad in Helsinki
S. 200: Mitschnitt einer Bandprobe in der Felsenkirche
S. 207: Interview mit der Autorin
S. 209: Witziger Werbespot Interrailtour „Europa in vollen Zügen"
S. 210: Buchtrailer Pilgerreise „Einfach los … Mein Küstenweg"

Hinweis: Wer sich im App Store oder im Play Store die **kostenlose** „MACHDEBURG – DIE APP" herunterlädt, hat mit der Scan-Funktion die Möglichkeit, an verschiedenen Stellen des Buches noch mehr über die Reise zu erfahren. Hinter allen Seiten (Abbildungen/Fotos) mit diesem Logo verbirgt sich ein Video.

Also einfach die Machdeburg-App starten, Scan-Funktion aktivieren, die gesamte Abbildung einscannen und schon öffnen sich informative Filme.

Viel Spaß!

Inhalt

Anreise
Vogelspinne auf der Fähre 7
Viele Wege führen nach Finnland 14
Willkommen an Bord! Abfahrt von Travemünde 15
Seetag: Sauna & Sonnenuntergang 22
Ein sonniger Morgen im Juli: Ankunft in Helsinki 26
Nordische Frische
28. Juli: Einfahrt am Bahnhof in Kolari 33
Glutamat und Gewittersound
29. Juli: Kurtakko - Kittilä 43
Ohrfeige am Morgen vertreibt Kummer und Sorgen
30. Juli: Kittilä - Sodankylä 49
Werkzeug schmerzlich vermisst
31. Juli: Sodankylä - Saunavaara 57
Knapp daneben ist auch vorbei
1. August: Saunavaara - Kemijärvi 69
Der ukrainische Kindergeburtstag
2. August: Kemijärvi - Rovaniemi 74
Geburtstag mit Überraschungsgast
3. August: Rovaniemi 83
Interview mit dem Weihnachtsmann
4. August: Vom Weihnachtsmann bis hinter Rovaniemi 88
Die Prinzessin auf der Erbse
5. August: Hinter Rovaniemi bis Kemi 99
Sturzbetrunken, aber nett
6. August: Kemi bis kurz vor Oulu 107
Teerschnaps und tanzende Omi
7. August: Nach Oulu 111
Die Rose des Trinkers
8. August: Oulu und weiter 117
Senioren „auf Speed“
9. August: Bis Vaala 121
Die finnische Sintflut
10. August: Vaala bis Jormua 125

Gänsehaut und steife Finger
11. August: Jormua - Sukeva 128
Jogginghose und ne Buddel Rum
12. August: Sukeva bis hinter Iisalmi 131
Kleider machen Leute
13. August: Hinter Iisalmi bis Kuopio 136
Kirchen, Museen und Quietschkäse
14. August: Kuopio 143
Pastete bis zum Platzen
15. August: Kuopio bis 40 Kilometer hinter Kuopio 148
Die Nacht bei einem finnischen Rennfahrer
16. August: Bis Myhinpää 150
Ist deine Körpertemperatur okay?
17. August: Myhinpää bis vor Jyväskylä 158
Rotweinbäckchen
18. August: Jyväskylä 163
Zeitreise ins Holzhausviertel
19. August: Bis 30 Kilometer hinter Jyväskylä 167
Flusskrebsdinner for one
20. August: Bis vor Sysmä 171
Die Freude am simplen Leben
21. August: Sysmä bis vor Lahti 184
Vom schweigsamen Finnen
22. August: Lahti bis 50 Kilometer vor Helsinki 188
Auf der Zielgeraden
23. August: Helsinki 191
Von Lebensmittelschlachten und verglasten Toiletten
24. bis 26. August: Helsinki 193
Rückreise
27. August: Zurück auf der Fähre … 202
Karte 204
Ausrüstungsliste 205
Quellenangaben/Literaturverzeichnis 206
Über die Reisende ... Mady Host 207

Anreise
Vogelspinne auf der Fähre

Es ist unglaublich heiß, Schweiß rinnt mir unentwegt über Gesicht und Rücken, meine Haare sind nass und kleben am Nacken. Die Luft aber duftet gut, es riecht nach Nadelwald. Meine Umgebung ist gemütlich, ein wenig schummrig, aber schön. Ich reibe mir die Augen, denn darin brennt die Feuchtigkeit. Dann blinzele ich, einmal, zweimal, dreimal, sehe mich um. Wände aus Holz umgeben mich. Ein Ofen befindet sich in der Mitte des Raumes. Plötzlich erstarrt mein Blick und ruht auf dem behaarten Wesen neben mir. Ich reibe mir die Augen erneut, aber das ändert nichts an der Präsenz des Geschöpfes an meiner Seite.

„Willst du ein Bier?", ein Rentier hält mir eine Dose „Lapin Kulta" hin.

Schwach strecke ich meinen Arm aus und greife danach. Während ich benommen am Verschluss nestele, fliegt auf einmal die Tür auf und der Weihnachtsmann steht vor mir. Dem Himmel sei Dank: Er ist bekleidet! Laut ruft er sogleich: „Ho, ho, ho!" Das Rentier nickt ihm wissend zu.

Dann, nur ganz langsam, aber dennoch spürbar, beginnt die Sauna zu schaukeln, sanft, von rechts nach links. Von links nach rechts …

„Hey, du verpasst noch den Sonnenuntergang, wach auf!", vernehme ich eine vertraute Stimme. Sie gehört meiner Reisebegleiterin Cornelia. So allmählich beginne ich zu verstehen, was geschehen ist: Ich habe geträumt, und zwar so absurd, als hätte ich mir zuvor drei finnische Dosen Bier zu viel genehmigt. Verschlafen setze ich mich auf und sehe an mir hinab: Mein Körper ruht in einem warmen Daunenschlafsack auf einer Sonnenliege. Über mir prangt in großen Lettern der Schiffsname „Finnmaid". Die kräftigen Motoren der Fähre brummen laut, der Himmel trägt ein feuerrotes Abendkleid.

Ganz offensichtlich hat der Saunabesuch meine Fantasie beflügelt. Ja, tatsächlich: Auf der Fähre, die uns von Travemünde nach Helsinki transportiert, gibt es eine Sauna. Die Finnen haben sie zwar nicht erfunden, aber nirgendwo sonst bestimmt sie das Leben so stark. Es soll über zwei Millionen Saunen geben – und das in einem Land, in dem gerade einmal fünf Komma vier Millionen Menschen leben. Man spricht von der größten Saunalandschaft der Welt. Eigentlich nicht verwunderlich, dass die Finnen selbst auf hoher See nicht darauf verzichten. Wir wollten dies auch nicht verpassen und verbrachten die zurückliegenden Stunden schwitzend und von Blubberbläschen umgeben – es gibt auch einen Whirlpool –, bevor wir mit Schlafsack und Reiselektüre aufs Sonnendeck umzogen. Ich hatte noch durch einige Seiten im Finnlandreiseführer geblättert, bis ich eingeschlafen war und mich in einem wirren Traum aus saunierenden Rentieren und fröhlichen Weihnachtsmännern wiederfand.

Glücklicherweise ist es hier in der Realität Cornelia, die neben mir sitzt und gerade eine Flasche Rotwein öffnet, und kein Paarhufer. Auch die Hinfahrt gehört zu einer Reise dazu und soll schön und gemütlich verlaufen. Aus diesem Grund wird es einen guten Tropfen geben, während wir den Sonnenuntergang bewundern wollen. Jetzt, da ich wach bin, kein Problem mehr. Wir prosten uns zu, stoßen auf die bevorstehenden Wochen an und verlieren uns mit unseren Blicken in der untergehenden Sonne, die einen gelblich-orangefarbenen Schimmer auf dem Wasser hinterlässt. Es duftet nach Meer, sanfter lauer Wind streichelt mein Gesicht. Andere Schaulustige tummeln sich auf dem Deck, ihre Kameras sind auf den weiten Ozean gerichtet, ein Pärchen steht an der Reling und küsst sich leidenschaftlich. Es ist so übertrieben romantisch hier, dass ich nicht anders kann, als mir vorzustellen, wie Leonardo DiCaprio seine Rose auf der Titanic liebevoll umschlingt. Ich seufze und greife nach meinem Rotweinglas, als urplötzlich und mit einem unüberhörbaren Rumsen die schwere Tür zum Sonnendeck auffliegt. Lallend betritt einer unserer Zimmergenossen, ein volltätowierter Glatzkopf in Motorradklamotten, den Schauplatz. Ich fahre ruckartig zusammen und gieße einen Schwall Rebensaft übers Deck. Er baut sich vor uns auf und will im alkoholgeschwängerten Englisch wissen: „Wo fahrt ihr eigentlich hin, was habt ihr vor?"

Meine Aufmerksamkeit verweilt für einen Augenblick an der fetten Spinne, die im eintätowierten Netz auf seiner nackten Kopfhaut wohnt, dann erst sehe ich mich in der Lage zu antworten: „Wir reisen mit Fahrrädern von Nordfinnland bis in den Süden und planen mehr als eineinhalbtausend Kilometer zurückzulegen."

Warum? Wir beide sind verliebt in unsere Fahrräder, schätzen sie als Verkehrsmittel, die unsere Fitness fördern, ein Leben an der frischen Luft bieten. Sie tragen das Gepäck und ermöglichen Tagesetappen von etwa achtzig Kilometern, jede von uns ist mit rund achtzehn Kilogramm Ausrüstung beladen. Wir reisen mit unseren Drahteseln weder zu schnell noch zu langsam und kommen auf diese Weise immer wieder mit Menschen in Kontakt.

Auch für das gewählte Reiseziel Finnland spricht vieles: Es gilt das Jedermannsrecht, was uns wildes Campen, Feuermachen und Beerenpflücken erlaubt. Das Jedermannsrecht beinhaltet – wie der Name schon sagt – das Recht eines jeden Menschen, die Natur zu genießen und ihre

Früchte zu nutzen, unabhängig von den Eigentumsverhältnissen am jeweiligen Grund und Boden. Dafür gehört es zur Pflicht, weder der Umwelt noch anderen Menschen Schaden, Störungen oder sonstige Nachteile zuzufügen. Wichtig für uns als Camperinnen ist zudem, den häuslichen Frieden von Landbesitzern zu respektieren und zu Wohnhäusern immer einen angemessenen Abstand einzuhalten. Aber das dürfte in einem Land, in dem sich etwa sechzehn Einwohner einen Quadratkilometer teilen, kein Problem sein. In Finnisch-Lappland ist die Bevölkerungsdichte sogar noch geringer und die zwei Einwohner, die dort pro Quadratkilometer zu finden sind, mögen einander wohl kaum zufällig begegnen. Bei uns in Deutschland geht es mit zweihundertdreißig Menschen auf gleicher Fläche deutlich kuschliger zu.

Da es im Sommer lange hell ist beziehungsweise mancherorts überhaupt nicht dunkel wird, müssen wir uns in Finnland weder nachts gruseln noch tagsüber abhetzen, wenn es einmal nicht gelingen sollte, zu früher Abendstunde ein Etappenziel zu erreichen. Steht das Zelt eben erst um elf Uhr, dann soll uns das nichts ausmachen. Als Langschläferinnen und passionierte Trödlerinnen kommen uns die weißen Nächte nur gelegen – auch wenn es jetzt, Ende Juli, dämmern wird. Dennoch: Für mögliche Schlafstörungen aufgrund der Helligkeit sind wir gewappnet. Wir haben Schlafmasken im Gepäck. Meine gefällt mir außerordentlich gut. Sie ist ein Werbegeschenk einer bekannten Tageszeitung und ihren dunkelblauen Stoff zieren die Worte „Dahinter steckt immer ein kluger Kopf". Ob es stimmt, darf Cornelia im Laufe der Reise beurteilen.

Grundsätzlich sollte es uns gelingen, Strecken von siebzig bis achtzig Kilometern in einer reinen Fahrzeit von vier bis fünf Stunden zurückzulegen. Das entspricht einer durchschnittlichen Geschwindigkeit von fünfzehn bis siebzehn Kilometern pro Stunde. Für ein Land mit einem moderaten Höhenprofil ist das ein realistisches Vorhaben. Finnlands höchste Erhebung heißt Haltitunturi mit einer Größe von tausenddreihundertvierundzwanzig Metern. Damit ist er nicht gerade ein Riese unter den Bergen dieser Welt.

Landschaftlich erwartet uns eine Mischung aus Seen und Wäldern. Rund achtzig Prozent des Landes bestehen aus Wald und zehn Prozent aus Wasser. Die Bezeichnung „Land der tausend Seen" ist eine immense Untertreibung. Tatsächlich sind es 187.888 Seen, die kleinsten nicht einmal mitgezählt. Für uns bedeutet es, dass der Badespaß nicht zu kurz kommen wird. Hoffentlich … Wir freuen uns nämlich schon aufs Plantschen im kühlen Nass, was uns das finnische Klima erlauben sollte. Es wird stark vom östlichen Kontinentalklima bestimmt und beschert dem Land arktisch-kalte Winter, aber auch heiße Sommertage. Die durchschnittlichen Niederschlagsmengen liegen deutlich unter norwegischen, isländischen oder schottischen Werten. Aufgrund der beträchtlichen Nord-Süd-Ausdehnung existieren zwar auch große Unterschiede innerhalb des Landes, aber das soll uns nichts ausmachen, schließlich kommen wir ja (fast) überall einmal lang.

Wir haben uns bei der Streckenplanung am Verlauf des EuroVelo 11 orientiert. EuroVelo beschreibt ein Netzwerk mit fünfzehn Langstreckenradwegen in Europa. Das Streckennetz ist noch nicht überall vollständig und lückenlos erschlossen, aber der Europäische Radfahrer-Verband ECF setzt sich für eine Fertigstellung in den nächsten Jahren ein. Unser Weg, der EV 11, wird als Osteuropa-Route bezeichnet und verbindet auf insgesamt knapp sechstausend Kilometern die Länder Norwegen, Finnland, Estland, Lettland, Litauen, Polen, Slowakei, Ungarn, Serbien, Mazedonien und Griechenland. Auch in Finnland ist die Strecke zwar (bisher) nicht durchgehend als Radweg ausgebaut, aber viele Straßen sind wenig befahren, sodass ein entspanntes Radeln auf Landstraßen möglich sein sollte. Zur Vermeidung größerer Fernstraßen finden sich teilweise ruhige Alternativabschnitte. Die Finnen sind selbst ein sportliches Radlervölkchen, weshalb Bereiche in Städten und oftmals sogar viele Kilometer vor und hinter Orten hervorragend mit Fahrradwegen erschlossen sind. Angeblich nutzen die Finnen ihr Zweirad sogar so exzessiv, dass sie sich bei Schnee Spikereifen anschrauben, um sicher an Schule oder Arbeitsstelle anzukommen.

Unser Weg wird circa neunzig Kilometer nördlich des Polarkreises beginnen und uns von Kolari nach Sodankylä, Rovaniemi, Kemi, Oulu, Kuopio, Jyväskylä bis in den Süden des Landes nach Helsinki führen. Wir haben uns für diese Route entschieden, weil uns die Orte interessant erscheinen und wir uns eine sehenswerte Abwechslung von lappländischer Einsamkeit, touristischem Trubel beim ECHTEN Weihnachtsmann, Ozeanlandschaft am Bottnischen Meerbusen, Finnischer Seenplatte und lebendiger Hauptstadtstimmung in Helsinki erhoffen.

Einen weiteren Pluspunkt erhält Finnland dafür, dass es ein sehr sicheres Land ist. Wir werden selbst noch beobachten, wie Fahrräder über Stunden unangeschlossen stehen gelassen und Autos mit laufenden Motoren und steckendem Zündschlüssel für den Wochenendeinkauf vor dem Supermarkt abfahrbereit geparkt werden.

Und was die Verständigung angeht, können wir ganz unbesorgt sein, denn englischsprachige Filme werden nicht synchronisiert, sondern lediglich mit finnischen Untertiteln gezeigt. Auch aus diesem Grund sprechen viele Einwohner die Weltsprache außerordentlich gut. Darüber sind wir äußerst froh, denn die Landessprache ist sehr schwer zu erlernen, kein Wunder bei stolzen fünfzehn grammatischen Fällen. Amüsieren werden wir uns über das angehängte „i.“ So wird eine Perücke zur peruukki und ein Kiosk zum kioski.

Die Finnen gelten insgesamt als einfallsreiches, aber auch schweigsames Völkchen. Sie veranstalten Gummistiefel-Weitwurf-Wettbewerbe und führen diverse Statistiken an, wie zum Beispiel beim weltweiten Kaffeekonsum. Schon länger sind die Finnen an der Spitze des Rankings. 2015 konsumierten sie durchschnittlich gut zwölf Kilogramm pro Kopf. Je nachdem, von welcher Tassengröße man ausgeht, entspricht das zwischen dreieinhalb und viereinhalb Tassen täglich. Der Vorsprung zum Zweitplatzierten – Schweden – betrug etwa zwei Kilogramm. Deutschland landete im Jahr 2015 auf Platz sechs mit etwas mehr als sieben Kilogramm. Meistens wird der finnische Kaffee schwarz als hellgeröstete Bohne genossen. Letzteres soll uns vor allem zu Beginn der Reise zugutekommen – ohne ein kräftiges, dunkles koffeinhaltiges Heißgetränk werden auch wir wohl kaum einen Pedaltritt tun. Wir haben zwar einen Campingkocher dabei, aber warum wir ihn gleich am Anfang nicht nutzen können, dazu später mehr …

Ich bin davon überzeugt, dieses Land ist eine Reise wert, passt zu uns und wird uns knapp fünf spannende Wochen schenken. Was ich über die Mückenplage gelesen und gehört habe, enthalte ich meiner Reisebegleiterin lieber vor, denn sie ist allen Insekten stets ein willkommenes Opfer. Im Sommer, in gemütlicher Grillrunde in deutschen Gärten, wird ihre Haut zerstochen, während andere nicht einmal merken, dass überhaupt Mücken da sind. Cornelia muss nur an einer alten Wolldecke am Sperrmüll vorbeigehen, schon hat sie neue Freunde gewonnen. Ich schweige also besser zu diesem Thema, stecke stattdessen ein mörderisches Insektenspray ein, das uns Freunde aus Vietnam mitgebracht haben, und kaufe ein bite away®, ein elektronisches Gerät zur äußerlichen Behandlung von Insektenstichen. Das muss reichen …

Viele Wege führen nach Finnland

Eine Anreise auf dem Landweg ist möglich, entweder durch Skandinavien und rund um den Bottnischen Meerbusen oder durch Polen, die baltischen Staaten und Russland. Ein Ankommen mit eigenem Auto, aber auch per Bus ist machbar, über Kopenhagen nach Stockholm und weiter mit der Fähre über Turku nach Helsinki. Bahnfans können es mit der Vogelfluglinie von Hamburg über Kopenhagen nach Schweden probieren und gelangen ab Stockholm per Fähre ebenfalls nach Turku. Von dort aus kann es weitergehen in den Norden oder nach Helsinki. Am schnellsten lässt sich der Weg per Flugzeug zurücklegen. Auch wenn Finnair den Transport von Fahrrädern gegen Aufpreis anbietet, so wollen wir am liebsten aufs Wasser und über die Ostsee anreisen. Die Mitnahme unserer beiden Fahrräder kostet pro Strecke nur gut dreißig Euro, wir selbst schlagen mit einhundertsiebzig Euro pro Fahrt und Person zu Buche. Die Fährverbindung Travemünde-Helsinki ermöglicht eine Anreise innerhalb von rund dreißig Stunden – ein Klacks, dachten wir, als wir uns bei der Buchung gegen die teure Kabine und für einen Ruhesessel entschieden haben. Dieser ist im Ticket inbegriffen und soll uns – den erfahrenen Reiseschläferinnen – schon genügen. Unsere Ankunft in Helsinki ist für einen Sommermorgen im Juli vorgesehen. Am Abend des gleichen Tages gilt das Zugticket, das uns per Nachtzug von der Hauptstadt bis nach Kolari – zum nördlichsten Bahnhof des Landes – bringen soll. Diese Fahrt ist mit etwa fünfzehn Stunden vergleichsweise kurz. Überflüssig zu erwähnen, dass wir auch hier auf eine Liege im Schlafwagen verzichten und sitzend weiterreisen werden.

Willkommen an Bord!
Abfahrt von Travemünde

Als wir mit den Rädern übers Hafengelände rollen, zeige ich mir selbst einen Vogel. „Sind wir denn vollkommen verrückt?“, rufe ich in die beginnende Nacht. „Wir werden ernsthaft die nächsten DREISSIG Stunden mit der Fähre fahren – ohne Schlafplatz, nur im Ruhesessel und unsere Reise am Abend des Ankunftstages gleich noch fortsetzen – weitere FÜNFZEHN Stunden und das nach einem Tag, den wir wahrscheinlich wie Zombies in Helsinki verbracht haben, weil wir von der Fährfahrt völlig übernächtigt gewesen sind?!“

Wir kommen in der Autoschlange am Check-in-Schalter zum Stehen. Cornelia blickt den bevorstehenden Stunden etwas optimistischer entgegen: „So schlimm wird das schon nicht. Wir können beide sehr gut sitzend schlafen. Denk doch einmal an den Nachtzug nach Cannes. Obwohl du eine Liege hattest, hast du kaum ein Auge zugetan. Unsere Entscheidung war schon die richtige …“, baut sie mich auf und fügt hinzu, „… außerdem sind es nur neunundzwanzig Stunden Fahrzeit.“

Nachdem wir unsere Tickets vorgelegt haben, werden wir an den Autos vorbei zum Motorrad-Sammelplatz geschickt. Weit und breit sind keine Fahrradfahrer zu sehen. Selbstbewusst rollen wir nah an die massigen Maschinen, vor denen harte Kerle in Leder warten, heran. So abgeklärt wie möglich, grüßen wir mit einem: „Hey, jetzt gehören wir mit zu euch.“ Unser Versuch, cool zu sein, scheitert kläglich. Niemand reagiert. Kleinlaut schieben wir unsere Räder zu einem Zaun und harren der Dinge, die da kommen mögen.

Die Motorräder erhalten irgendwann das Startsignal und knattern los, verschwinden im dicken Schiffsbauch. Uns signalisiert ein Hafenmitarbeiter, dass wir warten sollen, bis uns ein Sonderfahrzeug den Weg bereiten wird. Neugierig suchend sehen wir uns um. Es ist jetzt zwischen 22.00 und 23.00 Uhr und die Abfahrt des Schiffes für 3.00 Uhr vorgesehen. Bis zu zwei Stunden vor Abfahrt ist ein Einchecken möglich, aber da die Fahrt insgesamt so schrecklich kurz erscheint mit ihren neunundzwanzig Stunden, stehen wir natürlich längst abfahrbereit hier herum. Außerdem sind wir in dieser Hinsicht typisch deutsch und wollen pünktlich sein. Die meisten der Wartenden freuen sich bestimmt schon auf den Einzug in ihre Schlafkabinen, wir uns auf die Eroberung der besten Ruhesessel. In meiner Jugendzeit bin ich, zusammen mit meinen Eltern, oft nach Norwegen und Schweden gereist. Die Fähren habe ich als schwimmende Kolosse mit Kinoraum, Casino, Restaurants und gemütlichen Ruhezonen mit warmem Teppichboden und kuschligen Polstersesseln in Erinnerung. Letzteres ist einer der Gründe, weshalb wir uns gegen eine Kabine entschieden haben. Wie sehr ich mit meinen Mutmaßungen daneben liegen soll, werden wir schon bald am eigenen Leib spüren …

Zunächst aber rollt tatsächlich so etwas wie ein Safety Car heran. Wir erfahren, dass es sich um einen Spezialtransport für Menschen mit Behinderungen handelt, Personen, die Unterstützung beim Boarding benötigen. Der Fahrer bittet uns, ihm zu folgen, und rät, kurz vor der Fähre in den niedrigsten Gang herunterzuschalten. Dabei deutet er auf eine respektable Rampe, welche die Passagiere in das Schiff geleitet. Wir nicken und dann geht es auch schon los. Langsam, wirklich ganz langsam, rollt das Auto vorneweg, wir bleiben dicht dahinter. In gebührendem Abstand trödeln weitere PKW hinter uns her. Wie empfohlen betätigen wir rechtzeitig unsere Schaltung und keuchen mit flinken Beinchen die Schräge hinauf, Pedaltritt für Pedaltritt gelangen wir auf das Autodeck. An dessen Ende stoppt unser Geleitfahrzeug, der Fahrer steigt aus und zeigt auf ein paar

Paletten an der Wand. „Hier dürfen Sie Ihre Räder anlehnen“, weist er uns ein und will wissen, „War das Tempo in Ordnung oder bin ich zu schnell gefahren?“

Wir schütteln die erröteten Köpfe und beteuern: „Alles in Ordnung, es war ein Klacks, Ihnen zu folgen.“ Leicht verschwitzt parken wir unsere Zweiräder, schnallen Proviant, warme Sachen sowie Wertgegenstände ab und machen uns auf den Weg zum Ausgang.

Wir kommen an einem Rezeptionstresen zum Stehen. „Welche Kabinennummer haben Sie denn?“, möchte ein freundlich lächelnder Mann in Uniform wissen.

„Gar keine, wir wollen in den Ruheraum“, erwidern wir beinahe synchron.

Ein mitleidiger Blick trifft uns. „Deck zwölf“, deutet er mit seinem ausgestreckten Zeigefinger nach oben.

Ahnungslos, was uns erwartet, machen wir uns auf den Weg. Schritt für Schritt gelangen wir höher, bis wir uns in einem offenen Bereich, der zu beiden Seiten von Sitzreihen gesäumt wird, wiederfinden. Es zieht, Lärm kann sich ungehindert ausbreiten und alles sieht wahnsinnig unbequem aus.

„Wir müssen falsch sein“, finde ich als Erste meine Sprache wieder. „Das ist doch kein RuheRAUM“, fahre ich fort und betone jeden einzelnen Buchstaben des Wortes sorgfältig, um meiner Einschätzung den nötigen Nachdruck zu verleihen. Mein Blick gleitet über das grell beleuchtete Areal. In der festen Annahme, uns verlaufen zu haben, steigen wir mit Sack und Pack wieder eine Schiffsetage hinab und sehen uns dort um. Es gibt einen Shop, Spielautomaten, Kinderspielplatz, Fitnessraum, alles Mögliche, nur kein Zimmer, das zum Schlafen vorgesehen sein könnte. Wir fangen eine Mitarbeiterin ab und erkundigen uns nach dem gesuchten Bereich. Sie deutet zur Treppe in die Richtung, aus der wir gerade gekommen sind.

„Wirklich?", konsterniert blicken wir sie an. „Dort oben sollen wir schlafen?"

Mit einem knappen Nicken verschwindet sie und lässt uns zurück.

Kopfschüttelnd und betreten schweigend steigen wir erneut Stufe für Stufe hinauf.

Am Treppenabsatz angekommen, schweifen unsere Blicke erst nach rechts, dann nach links. Wo nur gibt es die besten Plätze? Einige wenige Passagiere haben es sich bereits „bequem" gemacht. Wir entscheiden uns für die letzte Reihe auf der rechten Seite, bestehend aus drei Plätzen, direkt an der Ausgangstür zum Sonnendeck. Wir hoffen, dass wir diese Reihe ganz für uns allein haben, ohne Sitznachbar. In deutscher Sonnenliegen-Handtuch-Reservier-Manier bestücken wir also die drei Sitzflächen mit unserem Gepäck. Dann entdecken wir ein Schild, gut sichtbar angebracht: „EVENTUELLE ÜBRIG GEBLIEBENE KABINEN KÖNNEN SIE AN DER INFORMATION ZUR ABFAHRTSZEIT UND AM SEETAG WÄHREND DER ÖFFNUNGSZEITEN DER INFORMATION KAUFEN." Offensichtlich wissen die Betreiber der Fährgesellschaft sehr genau, was sie ihren Ruhesesselgästen antun. Wir sehen uns um, wollen herausfinden, wer ähnlich sparsam ist wie wir, und erwarten Jugendliche, Studenten, trinkfreudige Cliquen junger Menschen, ohne Geld auf dem Konto. Tatsächlich machen wir niemanden dieser vermeintlichen Zielgruppe aus. Stattdessen schauen wir in die Gesichter zweier Frauen um die dreißig, erblikken ein Pärchen in den Vierzigern, sogar eine Familie mit jugendlicher Tochter hat sich niedergelassen. Wir schieben unser Gepäck ein wenig zur Seite, nehmen auf der Sitzkante Platz. Die Rückenlehnen lassen sich kaum nennenswert verstellen. Von oben fällt grelles Licht, das sich nicht dimmen lässt, auf uns hinab. Hier sollen wir schlafen, mehr als dreißig Stunden verbringen? Ohne es laut aussprechen zu müssen, ist jeder von uns klar, was die andere denkt. Neugierig beobachten wir, wie tatsächlich weitere Fahrgäste ankommen. Ihre Gesichtszüge entgleisen beim Anblick unseres gemeinsamen Schlafzimmers. Offensichtlich sind wir nicht die einzigen, die sich unter dem Wort RUHEBEREICH etwas anderes vorgestellt haben. Vor uns hat ein deutsches Pärchen Platz genommen, wir kommen ins Gespräch, bauen uns gegenseitig auf. „Wir machen es uns schon gemütlich!“, kündigt der Mann, der sich als René vorstellt, entschlossen an. Sogleich erhebt er sich, dreht an der Abdeckung der Lichter über uns herum und hält bald eine kleine Milchglasscheibe in der Hand. Dann beginnt er damit, aus einer Zeitung kreisrunde Stücke herauszuschneiden – exakt in der Größe der Lampen, platziert sie an der Birne und befestigt die Abdeckung wieder. Gespannt warten wir, ob der Umbau zu übermäßiger Hitzeentwicklung führt und Feuer fängt. Nach einigen Minuten des Beobachtens befinden wir die Konstruktion einstimmig als sicher. René setzt seine Arbeit fort, bis die beiden hintersten Reihen in romantisches Dämmerlicht getaucht sind. Seine Frau Susan studiert das A4-Blatt, das uns allen beim Einchecken gereicht worden ist, und erhellt unsere Gemüter mit der frohen Botschaft, dass es an Bord eine Sauna gebe. Euphorisch setze ich mich auf. „Wirklich? Dann können wir uns ja sogar duschen“, bringe ich begeistert hervor. Denn wer weiß, wann sich in der finnischen Wildnis die nächste Gelegenheit dazu bietet. Da wir den heutigen Tag bereits in Travemünde mit einem Bad im Meer verbracht und vergessen haben, uns am Strand Salz und Sand von der Haut zu spülen, erreichten wir die Fähre bereits in einem recht klebrigen Zustand. Toll, dass wir das Schiff nun sauberer verlassen werden, als wir es betraten. Für ihre Saunakultur liebe ich die Finnen jetzt schon! Aber

Moment mal, wenn wir saunieren wollen, benötigen wir Handtücher und die lagern auf dem Autodeck in unseren Radtaschen.

„Meint ihr, ich darf noch einmal hinunter?", will ich von meinen Mitreisenden wissen.

„Klar, warum nicht, es dauert doch noch, bis wir ablegen", entgegnet René.

Schnell springe ich auf und stürze in den Schiffsbauch hinab. An einer massigen Tür angekommen, betätige ich einen Knopf und tatsächlich, ich erhalte Zutritt. Zielstrebig steuere ich auf die Räder zu und fummele die Handtücher heraus. Zwei weitere Fahrräder mit Gepäck haben sich zu unseren gesellt. Nun sind wir schon vier Abenteuerlustige, die auf die Idee gekommen sind, Finnland per Fahrrad zu erkunden. Ich klemme mir die Mikrofaserhandtücher unter den Arm und schlendere zu Cornelia zurück. Kaum angekommen, glänzt sie mit einer hervorragenden Idee: „Was hältst du davon, wenn wir auch noch unsere Isomatten holen, um auf dem Fußboden zwischen und an den Sitzen ruhen zu können?" Ich nicke, drücke ihr die Badetücher in die Hände und verschwinde sogleich wieder.

Nach einigen Gängen zum Autodeck haben wir irgendwann fast unser gesamtes Gepäck bei uns und sind bestens ausgerüstet für ein Leben ohne Kabine. Bei einem meiner Wege habe ich es mir dennoch nicht nehmen lassen, nach einer freien Koje zu fragen. Wir hätten unterkommen können, allerdings nicht zum Restposten-Preis, sondern für einen Betrag zwischen zwei-/dreihundert Euro. Vollkommen überflüssig, finden wir, nachdem das Lager errichtet und die Kameratasche sowie der Proviantbeutel in einem der geräumigen Schließfächer in unserer unmittelbaren Nähe verstaut sind.

Es muss gegen null Uhr sein, als ein weiterer Ruhesesselpassagier das Schlafterrain betritt. Er fällt sogleich auf, nicht nur, weil er Schultern wie ein Schwergewichtsboxer hat, sondern vor allem, da seine wohlpolierte Glatze mit einem ansehnlichen Spinnennetz inklusive Bewohnerin verziert ist. Solch ein hässliches Tattoo habe ich selten gesehen und aufgrund meiner heftigen Phobie ist mir die schwarze, dicke Achtbeinerin erst recht nicht geheuer. Der massige Biker mit Lederjacke, die den Schriftzug eines bekannten Rockerclubs trägt, lässt sich zwei Reihen vor uns in den Sessel fallen, stolpert aber bald wieder los, um sich ein Glas Rotwein zu holen – ganz stilecht Biker eben! Es dauert nicht lange, bis er sich Cornelia und mir vorstellt. Ich habe keine Ahnung, weshalb er gerade uns als Konversationspartnerinnen auserkoren hat. Jedenfalls kommen wir ins Gespräch und erfahren, dass der Finne auf dem Rückweg aus Nordspanien ist, wo ein großes Treffen seiner Gang stattgefunden hat. „War cool", fasst er zusammen. Dann erzählt er über seine Heimat, berichtet, dass Finnland – aufs Wetter bezogen – in diesem Jahr einen besonders guten Sommer genießt. Irgendwann im Laufe unseres Plausches gelingt es mir dann auch, nicht mehr unentwegt auf sein Tattoo zu starren und mich vor der Vogelspinne zu ekeln. In kurzen Abständen verschwindet der Typ zur Schiffsbar und kehrt stets mit einem neuen randvoll gefüllten Rotweinglas zurück. Den Gesprächsfaden zu uns nimmt er gekonnt immer wieder auf. Irgendwann ploppen auch wir uns eine Flasche deutsches Bier auf. Wie gut, dass wir an derartigen Proviant gedacht haben. Eigentlich ist es gar nicht erlaubt, eigens mitgebrachte Leckereien zu sich zu nehmen, aber dem Rocker macht es nichts aus, uns auch nicht. Hier in unserem kleinen „Fähr-Ghetto", wie wir es liebevoll getauft haben, herrschen sowieso eigene Regeln und Gesetze. Als unser Freund nach dem schätzungsweise fünften Glas mit Rotwein beachtlich schwankt, ziehen wir die Reißverschlüsse unserer Schlafsäcke bis oben hin zu und verabschieden uns in das Reich der Träume. Ganz beruhigt können wir in den Schlaf gleiten, denn wir sind sicher, heute die richtigen Freundschaften geschlossen zu haben, und genießen den Schutz des imposanten Hünen. Ja, man sollte sehr genau schauen, mit wem man sich gut stellt. Auf dem Rücken liegend, zwinkere ich Cornelia über den Spiegel, der die gesamte Decke ziert, zu und wünsche ihr eine gute Nacht. Ich glaube, auch unser motorradverliebter Meister Proper mit ausgeprägter Vorliebe für Gliederfüßer nickt ein …

Seetag: Sauna & Sonnenuntergang

Gegen 11.00 Uhr, nach erholsamen neun Stunden Schlaf, schiebe ich meine Maske auf die Stirn und ziehe mir die Ohrenstöpsel aus dem Gehörgang. Ich habe bedeutend mehr geschlafen als in den Monaten vor unserer Abreise. Da sage einer, man brauche eine Kabine für die gesunde Nachtruhe … Nicht einmal das Ablegemanöver gegen 4.00 Uhr finnischer beziehungsweise 3.00 Uhr deutscher Zeit habe ich mitbekommen. Cornelia geht es genauso, wie sie mir bestätigt, nachdem ich sie erfolgreich wachgeguckt habe. Wir schälen uns aus dem warmen Lager, schieben unsere Matten beiseite und tapsen gähnend zum Bord-WC. Aus dem Spiegel blickt mich ein recht zerknautschtes Augenpaar an und ich frage mich, in welchem Alter es eigentlich begonnen hat, dass ich morgens so, naja sagen wir „verschoben" aussehe. Eine Antwort habe ich nicht, ist eigentlich auch nicht wichtig. Was wirklich zählt, ist der Frühstückskaffee. Zielstrebig machen wir uns deshalb auf den Weg in ein Bistro und entdecken dabei einen Raum, der unter der Bezeichnung „Konferenzraum" firmiert. Wir linsen hinein und tatsächlich handelt es sich um ein Zimmer mit weiteren Ruheplätzen. Komfortabler als bei uns sind die Sitze nicht, weshalb wir beschließen, nicht dorthin umzuziehen. Das ist ja auch überhaupt nicht nötig, schließlich haben wir uns längst perfekt eingerichtet.

Wir bestellen zwei Tassen Kaffee und setzen uns damit an einen Tisch mit Blick aufs Meer, das von einem grauen Schleier bedeckt wird. Regenwasser zieht in langen Schlieren über die großen Schiffsfenster, an Deck haben sich Pfützen gebildet, die unentwegt weitere Tropfen auffangen. Glücklich über den Kaffee und den warmen Sitzplatz, holen wir unauffällig eine Tüte mit Zimtgebäck aus unserem Proviantsäckchen heraus und tunken die Leckereien in die schwarze Flüssigkeit. Als Naschkatze freue ich mich besonders auf die vielen landestypischen Backwaren, die wir in den nächsten Wochen kosten werden. Allen voran die „Ohrfeigen". In der Landessprache sind das „Korvapuusti", die aus einem Teig bestehen, der ausgerollt und dann mit Zimt, Zucker und Butter gefüllt wird. Die Teigrolle muss dann nur noch zu Schnecken zerschnitten und deren Oberflächen mit Eigelb bestrichen sowie mit Hagelzucker bestreut werden. Wie das nach dem Backen duften muss, kann ich mir jetzt schon sehr lebendig ausmalen. Auch wenn wir uns bereits hier auf der Fähre mit reichlich Ohrfeigen versorgen könnten, so wollen wir dennoch warten, bis wir im Land sind. Alles zu seiner Zeit … Zum Aufpreis von einem Euro füllen wir die Tassen auf, wieder und wieder, bis vom mitgebrachten Frühstück nichts mehr zu sehen ist.

Danach unternehmen wir einen Spaziergang übers Schiff und besuchen den Shop. Aufgrund der strengen Alkoholgesetze in Finnland ist ein Einkaufbummel hier besonders beliebt, da sämtliche Drinks zollfrei und somit bedeutend preiswerter als an Land zu erwerben sind. Bier gibt es leider nur in großen Abpackungen. Nachdenklich stehen wir vor einem Tray mit vierundzwanzig Dosen, kommen aber schnell zu der Vernunftentscheidung, dass dies in den nächsten Stunden für uns nicht zu schaffen ist. So nüchtern, wie wir die Situation einschätzen, tun das hier an Bord nicht alle. Unser Rockerfreund war gestern Nacht nicht der einzige Passagier, der stark angetrunken übers Schiff torkelte. Die lange Überfahrt, verbunden mit den vergleichsweise geringen Preisen für Gerstensaft, Wein und Co, lädt so manchen zum Vollrausch ein.

Die finnische Geschichte um die Abstinenzbewegung ist lang, hat 1866 mit dem Verbot für Bauern begonnen, ihren eigenen Schnaps zu brennen. Im Jahr 1907 wurde die totale Prohibition beschlossen, die jedoch erst 1919 in ein neues Alkoholgesetz mündete. Die Finnen, so die Erkenntnis und Begründung, gingen zügelloser als andere Völker mit dem Suchtmittel um. Sie tranken zwar weniger und seltener, aber wenn sie es taten, dann richtig und mit dem erklärten Ziel, betrunken zu werden. Angeblich neigten sie im Rausch zur erhöhten Gewaltbereitschaft. Da ihre allgemeine Einstellung zu Alkohol und Rauschzustand als negativ galt, sie ihn dennoch konsumierten, wurde der Schluss gezogen, die Finnen seien besonders unzivilisiert. Es kam, wie es kommen musste: Im Zuge der Prohibition erwachten Schmuggel- und Schwarzbrenneraktivitäten, die nicht gerade dazu beitrugen, das Problem in den Griff zu bekommen. Im Gegenteil – Alkoholismus erwuchs zur Volkskrankheit. Im Jahr 1932 wurde die Prohibition per Gesetz aufgehoben. Dennoch ließ es sich der Staat nicht verbieten, Einfluss auf die Trinkgewohnheiten zu nehmen. So gibt es eine Aktiengesellschaft mit dem Namen „Alko“, die sich nach finnischem Recht in staatlichem Eigentum befindet und eine Exklusivlizenz zum Einzelhandelsverkauf von alkoholischen Getränken besitzt. Auf diese Weise soll der Konsum in Grenzen gehalten werden. Alkoholika über vier Komma sieben Prozent gibt es ausschließlich in

Geschäften mit dem Alko-Schriftzug. Es gelingt dem Staat damit auch, ordentlich Geld einzutreiben, denn die Preise für Getränke sind für unsere Verhältnisse gepfeffert und so die Steuereinnahmen hoch. Restaurants können Ausschankgenehmigungen in drei möglichen Klassen erhalten, unterteilt in den jeweils zulässigen Alkoholgehalt der auszuschenkenden Drinks. Die extremen Lichtverhältnisse dienen als Erklärungsversuch für das Konsumproblem, das nicht nur in Finnland, sondern auch in anderen nordischen Ländern bekannt ist. Das fehlende Sonnenlicht in den Wintermonaten schlägt wohl aufs Gemüt und macht durstig. Es gibt allerdings ein finnisches Sprichwort, das die Situation auf humorvolle Weise auf den Punkt bringen soll:

„Man ist nicht zu betrunken,
solange man auf dem Boden liegen kann,
ohne sich festzuhalten."[1]

Zugegeben: Das klingt äußerst weise, dennoch begnügen wir uns lieber mit „nur einer" Flasche Rotwein für sechs Euro – die preiswerteste im gesamten Regal, verstauen sie für später im Schließfach und machen uns saunafertig. Überrascht, dass wir und eine weitere Frau die einzigen Gäste sind, genießen wir unser Wellnessprogramm – und das stundenlang. Abwechselnd schwitzen wir in dem kleinen Raum mit Holzbänken und hüpfen in den Whirlpool – immer und immer wieder, bis zum frühen Abend.

Sauberer denn je machen wir es uns auf dem Sonnendeck bequem. Im Gegensatz zu heute Vormittag wird es seinem Namen nun gerecht. Helle Strahlen wärmen die Gesichter, während unsere Körper in den weichen Schlafsäcken ruhen. Wir starren stundenlang aufs Meer, genießen die Weite, nicken immer mal wieder ein. Ich lese in meinem

Finnlandbuch, sinke in einen tiefen Schlaf und finde mich in dem Traum wieder, der den Beginn dieser Geschichte bildet. Ich komme gerade langsam zu mir, nippe am Rotwein, als der haarlose Biker mit Schwung die schwere Tür aufkickt und vor uns zum Stehen kommt. Auch wenn ich die Spinne des kahlköpfigen Zimmergenossen bereits in der vergangenen Nacht ausgiebig gemustert habe, gelingt es mir nicht, sie zu ignorieren – auch jetzt nicht, einige Stunden nach dem Gespräch mit dem rotweintrinkenden Rocker. Cornelia beginnt, ihm seine Frage zu beantworten und unsere Reiseroute zu schildern, etwas, das wir am Vorabend mangels Aufmerksamkeit seinerseits noch nicht getan hatten. Zufrieden verschwindet er nach einigen Minuten wieder, lässt uns in der untergehenden Abendsonne zurück.

Ein sonniger Morgen im Juli: Ankunft in Helsinki

Bei bestem Wetter fahren wir in das morgendliche Helsinki ein, freuen uns auf die Stadt, in der wir die nächsten Stunden bis zur Weiterreise mit dem Nachtzug verbringen werden.

Auf dem Autodeck herrscht geschäftiges Treiben – alle machen sich für ihre Abfahrt bereit. Wir stopfen unsere Habseligkeiten in die Radtaschen, schieben die Räder vor, als ich bemerke, dass irgendetwas mit meinem Schaltgriff nicht stimmt. Ein flüchtiger Blick gibt zunächst nichts Verdächtiges preis. Per Handzeichen erhalten wir die Erlaubnis, das Schiff zu verlassen, ebenso die Autofahrer. Langsam und konzentriert rollen wir von Bord, zwischen PKW und Motorrädern. Auf ebener Fläche angekommen, möchte ich hochschalten. Meine Hände drehen am Schaltgriff und … nichts passiert. Nichts passiert? Hitze schießt mir durch den Körper, die Handflächen werden feucht. Rote Flecken treten auf mein Gesicht – das kann ich deutlich spüren. Verzweifelt probiere ich es weiter – ergebnislos. Mehr als der dritte Gang ist nicht drin. Cornelias Erscheinung wird immer kleiner, sie ist meterweit von mir entfernt, verwandelt sich in einen radelnden Farbklecks in den Weiten des Hafengeländes. Hinter mir versuchen Autos eine Kollision mit mir zu vermeiden, ich halte mich rechts, bemühe mich, die Spur freizugeben, strampele dabei tapfer weiter. Die Schnelligkeit meiner Beine erinnert an einen rasenden Propeller und mit einhundertfacher Umdrehung komme ich nur schlappe drei, vielleicht vier Kilometer pro Stunde voran. Mit meinem rundlichen Helm und den ungewollt flinken Beinchen gebe ich vermutlich irgendetwas zwischen „beklopptem Frosch" aus der Klingeltonwerbung und Super Mario im Videospiel ab. Fehlt nur die nervtötende Gameboy-Melodie, zu der sich die Figuren durch die virtuellen Welten bewegen. Ich sehe, wie Cornelia an einer roten Ampel zum Stehen kommt und sich umdreht. Mit erstauntem Gesichtsausdruck bemerkt sie mein Fehlen, wirkt dann aber erst einmal erleichtert, als sie mich weit abgeschlagen entdeckt. Glücklicherweise hält die Rotphase lange an, sodass es mir gelingt, zu Cornelia aufzuschließen.

„So ein Mist, meine Schaltung ist hinüber", komme ich fluchend zum Stehen. Betreten mustert meine Freundin mich und meinen Drahtesel, dann springt die Ampel auf Grün um, wir setzen unsere Fahrt langsam fort. Am Ende des Hafengeländes angekommen, schieben wir die Räder zu einem Gebäude, schnallen mein Gepäck ab und hantieren an einem losen Kabel herum, das uns verdächtig erscheint. Wir vergleichen mit Cornelias Fahrrad, entdekken, wie es im intakten Zustand sein muss, und machen uns daran, unser Wissen anzuwenden. Nach einigem Gezerre gelingt es uns, den Übeltäter in seine Halterung zurückzuzwingen. Welch' große Freude: Meine Schaltung

Picknick mit Aussicht

verrichtet wieder ihren Dienst. Ich könnte vor Erleichterung losheulen, sah ich uns doch schon in einer Werkstatt in Helsinki verharren, den Zug verpassen, einen Haufen Geld für die Erneuerung der Schaltung loswerden …

Aber nun ist ja alles gut und wir können uns der Frage „Wie kommen wir eigentlich in die Innenstadt?“ widmen. Uns klappen die Kinnladen herunter, als wir ein Schild ausmachen, das die Entfernung in die City mit neunzehn Kilometern angibt. Wer ahnt denn so etwas? Ein Hafengelände außerhalb der Stadt – wie außergewöhnlich. In gewohnter Selbstironie grinsen wir einander an, finden einen Infopoint, an dem wir sogleich mit übersichtlichen Fahrradkarten versorgt werden – gratis! Fahrradfreundliches Finnland? Ja, schlussfolgern wir, als wir auf gut ausgebauten Radwegen unsere ersten Kilometer auf finnischem Boden zurücklegen.

In einem Wäldchen keuchen wir schon ziemlich lange einen recht schmalen Weg bergaufwärts, als in uns der Verdacht keimt, wir könnten uns verfahren haben. Ein junger Mann, der uns beschwingt entgegenspaziert, bestätigt diese

Vermutung. Wir sind gerade im Begriff umzudrehen, als ihm noch etwas einfällt: „Wenn ihr schon einmal so weit oben seid, solltet ihr noch ein Stückchen weiter fahren, bevor ihr euch wieder auf den Rückweg begebt. Dort oben …", Fingerzeig hinauf, „… bietet sich eine traumhafte Sicht auf die Stadt." Dankend folgen wir seinem Tipp und kommen tatsächlich auf einer Lichtung zum Stehen, die uns mit einem hervorragenden Blick auf Helsinki belohnt. Schnell ist der Proviantbeutel abgeschnallt und Cornelia beginnt damit, leckere Schnittchen zuzubereiten. Wir verfolgen hierbei eine sehr klare Arbeitsteilung: Cornelia belegt Brote, ich esse sie!

Nachdem wir beide (!) ausreichend gesättigt sind, rollen wir zu der Gabelung hinab, an der wir zuvor falsch abgebogen waren, und steuern den Stadtkern, finnisch „Keskusta", an. Lärm und Verkehr begleiten uns auf der Suche nach dem Bahnhof, den wir verhältnismäßig zügig finden. Als wir uns genauestens eingeprägt haben, von wo aus es am Abend weitergeht, fahren wir zu einem nahegelegenen Park und machen es uns auf einer Wiese bequem, auf der schon viele Sonnenhungrige sitzen, plaudern, Eis essen. Den Sommer kosten die Einheimischen in vollen Zügen aus – es ist hell und warm, ganz im Gegenteil zu den langen schneereichen Wintern. Eine dreiköpfige Band entlockt ihren Instrumenten und Mündern seltsame Melodien und dudelt uns schon bald in einen leichten Schlaf. Ich werde immer wieder wach, weil mir irgendein Insekt über Beine oder Gesicht krabbelt. Einmal stelle ich mir vor, es ist die eintätowierte Vogelspinne unseres Bikers und schlage wild um mich – glücklicherweise, ohne Cornelia zu erwischen.

Nach einigen Stunden suchen wir den Supermarkt auf, decken uns mit Lebensmitteln für die bevorstehende Weiterreise ein und fahnden, am Bahnhof angekommen, nach dem richtigen Gleis. An den Bildschirmen der Wartehalle werden wir nicht so recht fündig, fragen uns durch, bis wir auf dem Bahnsteig stoppen, den wir für den gesuchten halten. Ein Zug steht schon dort, wird aber nicht auf der Tafel darüber angezeigt, sodass uns der Restzweifel davon abhält einzusteigen. Gerade noch rechtzeitig erfahren wir von einem anderen Fahrgast, dass wir richtig sind, schnallen zügig das Gepäck ab und verfallen in Hektik, da wir – laut Platzkarte – zwar gemeinsam sitzen, aber unsere zweirädrigen Gefährten keinesfalls im gleichen Waggon reisen. Da ich schon mit einem Rad im Zug hänge, macht sich Conny schnell auf den Weg an das andere Ende des Zuges, wo sie laut Ticket ihr Fahrzeug abstellen muss. Wir verabreden uns an unseren Sitzplätzen.

Schwitzend befreie ich mich von meinen Fahrradtaschen, deren Tragegurte sich tief in meine Schultern eingeschnitten haben, lagere sie am Rand und bestaune die Konstruktion, an der ich mein Bike befestigen soll. Das Vorderrad gehört in einen Metallarm, der unter die Decke des Waggons gezogen wird, sodass das Rad senkrecht von selbiger baumelt. Unschlüssig, wie ich diesen Kraftakt bewältigen soll, sehe ich mich um. Ein Mann mittleren Alters erreicht die Tür und hievt sein Rad ebenfalls hinein. Vom ihm lasse ich mir im perfekten Englisch erklären, zeigen und letztendlich auch helfen, mein Fahrrad ordnungsgemäß unterzubringen. Zwischenzeitlich ist Cornelia eingetroffen, von der ich erfahre, dass es in ihrem Waggon eine Nische gibt, in welche die Räder einfach nur reingeschoben werden – weniger anstrengend also.

Wir nehmen unsere Sitzplätze ein und legen die knapp zweistündige Fahrt bis nach Tampere zurück. Rechtzeitig vor Einfahrt des Zuges trollt sich jede von uns zu ihrem Fahrrad, um sich auf den Prozess des Aussteigens vorzubereiten. Mein sportlicher Nachbar trifft auch bald ein und wir finden Zeit für ein wenig Smalltalk. Er lebt in

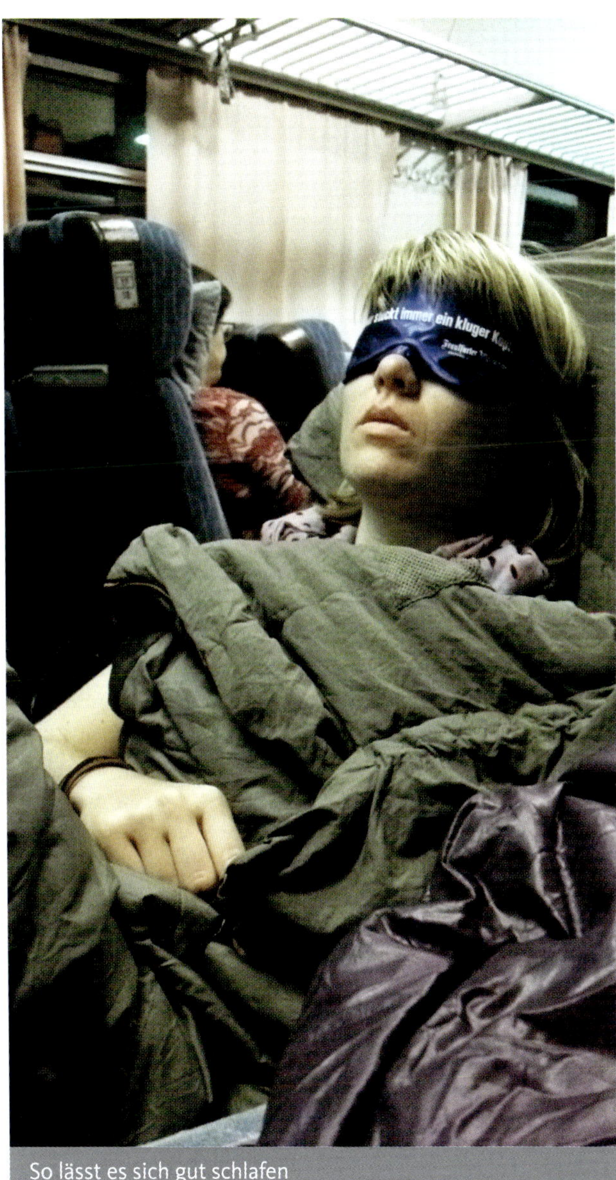

So lässt es sich gut schlafen

Tampere, kehrt gerade von einem Besuch bei der Tochter in der Hauptstadt zurück. Mit seiner Frau lernt er eifrig unsere Sprache, indem er per Satellit deutsches Fernsehen empfängt und schaut. Von unserer geplanten Tour zeigt er sich schwer beeindruckt. Er wird nicht der einzige bleiben, dessen Bewunderung wir genießen …

Vorsichtig lösen wir mein Fahrrad aus der Halterung, als das Schienenfahrzeug in den Bahnhof einfährt und quietschend zum Stehen kommt. Geschickt hebt mein Gesprächspartner mein Rad hinab, ich trage es hinaus. Dann reicht er mir noch das Gepäck und ich verabschiede mich dankend. Erleichtert winke ich Cornelia, die ebenfalls erfolgreich den Weg aus dem Zug gefunden hat. Das System, mit dem die Fahrräder hier verstaut werden, ist platzsparend und sicher, da ein Rad selbst bei einer Vollbremsung sich unmöglich lösen und durch den Zug rollen könnte. Bei aller technischen Finesse aber bleibe ich dennoch etwas ratlos, wie ich allein mit der Aufhängung hätte zurechtkommen sollen, und das obwohl ich regelmäßig ins Fitnessstudio gehe und keine Puddingärmchen habe.

Der Weg zum Nachtzug ist glücklicherweise kurz. Für Sperrgepäck, wozu auch unsere Bikes zählen, gibt es einen separaten Waggon, den wir unschwer entdecken, da eine imposante Schlange aus Zweirädern, Kinderwagen, Rollstühlen bereits auf Einlass hofft. Ein uniformierter Mann nimmt die Gegenstände entgegen, minimiert Stück für Stück die Reihe der Wartenden. Ich hege Zweifel, dass er alles unterbekommen wird, und bin umso erleichterter, als sich auch für unsere Begleiter sicherer Unterschlupf findet.

Zufrieden begeben wir uns zu unseren Plätzen und sind – ganz im Gegenteil zur Ankunft auf der Fähre – positiv überrascht: Die Sitze erscheinen um Welten besser und lassen sich sehr weit nach hinten in eine bequeme Schlafposition drücken. An den Lehnen sind weiche Kissen befestigt, insgesamt ist viel Platz im Abteil. Wir verlieren keine Zeit, packen sogleich alles aus, was wir für eine gesunde Nachtruhe benötigen: Schlafsack, Schlafmaske, Ohrenstöpsel. Dann schieben wir die Taschen auf die Gepäckablage über unseren Köpfen, knoten die Schnürsenkel auf, streifen die Schuhe von den Füßen, schieben die Beine in den Schlafsack. Ein Weilchen verbringen wir noch plaudernd, verabschieden uns erst zur Geisterstunde voneinander und gleiten sogleich in einen siebenstündigen Schlaf.

Nordische Frische 33 Kilometer

28. Juli: Einfahrt am Bahnhof in Kolari

Kurz vor zehn Uhr erreichen wir in Kolari den Bahnhof, den nördlichsten des Landes. Fröstelnd stehen wir vor dem Güterwaggon und warten, bis wir an der Reihe sind und unsere Zweiräder ausgehändigt bekommen.

Während wir sie über den langen Bahnsteig Richtung Ausgang schieben, umhüllt uns ein kühler Schleier. Wir frieren zwar nicht, aber das Klima erscheint rauer, die Luft, die wir atmen, ist dafür rein. Irgendwie riecht es förmlich nach Weite und erholsamer Einsamkeit. Ja, wir sind dort, wo wir sein wollten, angekommen in Lappland, etwa neunzig Kilometer oberhalb des Polarkreises.

Nach einem Erkundungsstreifzug durch den langgezogenen Ort und einem Besuch in einem Supermarkt mit großflächigen Gängen lassen wir uns in einem gut besuchten Café nieder. Für 3,50 Euro erhalten wir je ein üppiges Gebäckteilchen und Kaffee mit der Erlaubnis, ihn unbegrenzt aufzufüllen. Das Land ist mir jetzt schon sympathisch!

Wir trinken so oft und so viel von dem koffeinreichen Heißgetränk, dass wir erst gegen Mittag loskommen. Dafür sind wir bereit, unsere Tour endlich zu beginnen. Während

Ankunft am Bahnhof in Kolari

wir die Räder abfahrbereit machen, schwirrt eine beachtliche Menge an Mücken um uns herum. Zum Glück hängen wir sie schnell ab, sind flinker mit unseren Drahteseln.

Geplant ist, nur etwa zwanzig Kilometer zu fahren, einen Zeltplatz in der Wildnis zu suchen und erst einmal auszuschlafen – auch wenn die letzten Nächte sehr gut waren, so kriecht uns die Reisemüdigkeit nun doch ein wenig in die Knochen.

Unser Kurs ist ostwärts gerichtet, wir folgen der Richtung nach Kurtakko, einem winzigen Ort auf dem 67. Breitengrad. Trotz leichter Erschöpfungserscheinungen freuen wir uns auf die ersten Radlermeter auf finnischem Boden. Die Vermutung, dass sich der Verkehr hier oben in Grenzen halten wird, können wir schnell bestätigen. Wir bilden uns ein, wir hätten die Straße für uns allein. In Magdeburg, wo wir beinahe täglich per Fahrrad unterwegs sind, leben mehr als eintausend Einwohner pro Quadratkilometer. Kein Wunder, dass es uns hier so vorkommt, als hätten wir die Freiheit für uns gepachtet. Wir bewegen uns mit Leichtigkeit über den Asphalt, an Wäldern entlang, erahnen in weiter Ferne ein Gebirge. Zu unserem großen Glück ist der Himmel strahlendblau, nur mit ein paar weißen Wolken verziert. Was für ein toller Start!

Erst an einem Abzweig unterbrechen wir die Fahrt und kommen zum Stehen, denn ein Schild weist den Weg zu einer Sehenswürdigkeit – zumindest deuten wir das so. Die Distanz ist mit vier Kilometern angegeben. Ein Klacks, denken wir und biegen neugierig auf eine Piste ab.

Mühsam geht es voran, da kleine und größere Steinchen für Hindernisse sorgen, bis wir endlich einen Wegweiser wahrnehmen, der dem an der Hauptstraße gleicht. Enttäuscht stellen wir fest, dass dieser lediglich den Beginn eines Wanderweges kennzeichnet – keine sonderlich hilfreiche Entdeckung für Fahrradtouristinnen wie uns …

Nach dieser acht Kilometer langen Extrarunde entscheiden wir uns gegen weitere Abstecher und setzen den Weg gen Osten zielgerichtet fort. Nicht sehr lange, denn urplötzlich passiert das, auf was wir uns schon sehr gefreut haben: Zwei Rentiere – Mutter und ihr Junges – stehen vor uns. Minutenlang starren wir sie an, sie tun es uns gleich. Während ich dann damit beginne, meine Kamera aus ihrer wasserdichten Tasche zu befreien, befrage ich meine Reisebegleiterin zum Gefährlichkeitsgrad von Rentieren: „Greifen die an?“, hake ich vorsichtshalber noch einmal nach. Die tierliebe und wenig ängstliche Cornelia hört mich schon längst nicht mehr, da sie bereits Kurs auf die Paarhufer genommen hat, mit dem Ziel Körperkontakt aufzunehmen, wie es mir scheint. „Offensichtlich nicht“, brumme ich mir selbst eine Antwort in den nicht vorhandenen Bart und folge meiner Freundin, den Auslöser in Bereitschaft. Der Blick durch den Sucher lässt mich einen Satz nach hinten machen. „Wow, das Teleobjektiv ist wirklich gut“, entfährt es mir. Neugierig schaue ich erneut durch und blicke in die großen Kulleraugen meines Gegenübers und meine damit nicht Cornelia … Da stehen wir also – Rentier und ich, ich und Rentier, Auge in Auge. Das kleine Geweih ist von zartem Fell überzogen und ich rätsele über das Geschlecht, denn bei Rentieren ist es so, dass Männchen und Weibchen gleichermaßen Geweihe tragen. Ihre Zucht ist heute nur noch für etwa zehn Prozent der Sámi-Familien, also der indigenen Bevölkerung, eine Lebensgrundlage. Zwei Mal pro Jahr werden die Tiere zusammengetrieben, im Frühsommer bekommen die Kälber als Markierung eine Kerbe in das Ohr. Dabei wird pro Züchterfamilie ein bestimmtes Zeichen für eine Zuordnung verwendet. Ich beobachte das Jungtier durch mein Objektiv, doch leider ist die Entfernung zu groß, um den Hinweis zu entdecken. Die Züchter müssen überwachen, welchem Muttertier ein markiertes Kalb folgt. Nur so können sie feststellen, ob es zur Herde gehört. Im Herbst erfolgt eine zweite Aussortierung. Hierbei werden die Tiere herausgesucht, die geschlachtet werden sollen. Außerdem bekommen die Kälber, die zuvor übersehen worden sind, noch ihre Markierung. An das Töten will ich gar nicht denken, lieber gerate ich beim Anblick der Wesen ein wenig in Weihnachtsstimmung. Ganz deutlich sehe ich das Bild eines fliegenden Rentierschlittens vor dem geistigen Auge. Der Zauber hält allerdings nicht lange an, denn bald schon trollen sich die Tiere wieder in den Wald und wir uns auf die Sättel.

An einem Seegrundstück bitten wir um Campingerlaubnis – wollen uns nicht ungefragt niederlassen, da das Areal wiederum nicht so weitläufig ist, dass wir einen ausreichend großen Abstand zum Haus wahren könnten. Leider lehnen die Besitzer ab, mit der Begründung, sie hätten am Folgetag umfangreiche Bauarbeiten zu bewältigen. Auf unsere Frage nach dem nächsten Gewässer durchkämmt der Mann mit seinem Smartphone geduldig das Web und erklärt uns den Weg zu einem Fluss.

Nach insgesamt dreiunddreißig Radelkilometern haben wir es für heute geschafft und schlagen unser Lager in einem Wald am Fluss auf, versuchen es zumindest. Denn noch bevor wir das Zelt überhaupt erst aus seiner Hülle nehmen können, rast schon ein riesiger Schwarm Mücken auf uns zu, sticht in Waden, Oberschenkel, Gesicht, Arme. Wir wissen gar nicht, wie uns geschieht, so rasant vollzieht sich die Attacke – auf uns beide, nicht nur auf Cornelia, meinen eigentlich sonst so zuverlässigen Mückenschutz. In Windeseile kramen wir das vietnamesische Spray hervor und nebeln uns damit so sehr ein, dass ich befürchte, wenn uns die Biester nicht auffressen, tut es das Zeug. Egal, es hilft. Halbwegs ungestört können wir die Arbeit fortsetzen und freuen uns, als nach einigen Minuten alles steht.

Nach dem Tag in Helsinki, der Nachtfahrt im Zug und den ersten Fahrradstunden verspüre ich das Bedürfnis nach Körperpflege. Ich schlüpfe in meinen Bikini und ahne

Rentiere, auf einmal waren sie da ...

noch nicht, dass ich damit die größte Dummheit des Tages begehe. Mit einem Topf bewaffnet, mache ich mich auf den Weg zum Wasser. Es gibt einen seichten Einstieg, der aber nur dazu dienen soll, Wasser zu schöpfen, da mir die Strömung für ein Vollbad zu stark erscheint. Anfangs lenkt mich meine Konzentration auf den Waschvorgang noch von dem ab, was um mich herum geschieht beziehungsweise sich **auf** mir abspielt. Zielgerichtet fliegen die Biester nämlich einen Luftangriff nach dem anderen. Meine nackte Haut, vor allem der Rücken, hat es ihnen angetan. Es ist, als wüssten sie, dass ich sie dort nicht erreichen kann. Wie eine Wahnsinnige schlage ich um mich, spritze dabei mit Wasser, versuche mich trotzdem irgendwie zu reinigen. Als ich mir einbilde, halbwegs sauber zu sein, höre ich auf, rase zum Zelt zurück, in dem Cornelia entspannt auf dem Rücken liegt und vor sich hinträumt. Als sie mich hereinstürzen sieht und hört, mustert sie erschrocken meine Haut. „Was ist dir denn zugestoßen?“

„Na was wohl?“, brumme ich und füge an, „Wenigstens bin ich sauber.“

Wir zaubern unser bite away® hervor und Cornelia beginnt, mich von oben bis unten damit zu versorgen. Sie hält den Mückenstift auf einen Stich, es piept, dann wird es verdammt heiß, ich schreie auf, sie geht zum nächsten Stich über, es piept, glüht, ich schreie … Anfangs frage ich mich noch, was schlimmer ist: der Schmerz, den das Gerät verursacht, oder der eigentliche Stich, komme aber bald zu dem Schluss, dass es die Qualen wert ist, weil tatsächlich alle Stellen aufhören zu jucken. Die Wärme sorgt nämlich dafür, dass das Gift der Insekten zersetzt und die Ausschüttung von Histamin verhindert wird.

Nachdem das erledigt ist, ziehen wir uns lange Kleidung an, treten hinaus, sprühen uns erneut mit dem Killerzeug ein und setzen uns vorn an die Landstraße, an der bedeutend weniger Mückenverkehr als im Wald herrscht. Eigentlich hätten wir lieber ein Feuer gemacht, doch leider ist alles an Holz, das wir an einer kleinen Feuerstelle nahe meines Badeplatzes gefunden haben, viel zu nass dafür.

So packen wir also unseren Proviant aus und essen am Straßenrand zu Abend, lassen dabei den Blick über eine Ansammlung bunter Briefkästen schweifen. Sie sind an einem brusthohen Holzrahmen befestigt und warten auf die Post von insgesamt dreizehn Einwohnern. Dem Boten soll es wohl erspart werden, kilometerlang durch den Wald zu streifen, nur um einen Brief loszuwerden. Ja, hier müssen die Einheimischen selbst ein paar Meter zurücklegen, was gerade auch zwei Personen tun, die aus dem Wald hinausschlendern und Kurs auf ihre Postbox nehmen. Sie holen eine Handvoll Umschläge heraus und sprechen uns an, fragen, ob alles okay ist. Wahrscheinlich irritiert unser Anblick am Straßenrand, auf dem Boden sitzend. Wir bejahen, berichten von unserem tierischen Problem im Wald, erzählen ein bisschen von der Tour. Vater und jugendliche Tochter haben deutsche Wurzeln. Bald schon schaltet er in ein perfektes Deutsch um, berichtet, dass seine Eltern auswanderten, als er zwei Jahre alt war, ihm aber die Sprache seines Geburtslandes beibrachten. Von ihm hören wir, dass es ein mückenarmer Sommer sei. Ernsthaft? Fassungslos schütteln wir die Köpfe und fragen uns, wie wohl ein insektenreicher Sommer daherkommt. Beide laden uns dann kurzerhand ein, ihre Blockhütte – einen Sommerwohnsitz – anzuschauen.

Wir willigen ein, schlendern durch den Wald und finden uns bald schon vor dem „Revontuli Mökki“ wieder. Übersetzt heißt das „Nordlicht-Hütte“ und es handelt sich um ein Blockhaus, das der Familienvater zusammen mit einem erfahrenen Blockhüttenbauer innerhalb eines Jahres eigenhändig errichtet hat. Anhand der Stämme, die hinausragen, zeigt und erklärt er uns, sie seien qualitativ besonders hochwertig, da die Bäume stehend gestorben seien und dann erst gerodet worden sind. Auf diese Weise kann wohl nicht mehr so viel verwittern, weshalb dieses Holz hervorragendes Baumaterial bildet. Stolz lädt er uns ein, das Innere des Hauses zu begutachten. Bevor wir dies tun, ziehen wir die Schuhe aus – die Finnen legen darauf großen Wert. Die Behausung ist urgemütlich und sehr geschmackvoll eingerichtet – sofort fühlen wir uns pudelwohl, was wohl vor allem daran liegt, dass vieles aus Holz hergestellt ist. Nur einige Einrichtungsgegenstände gleichen denen eines mitteleuropäischen modernen Haushalts, wie zum Beispiel eine Stehlampe. Wie fast jedes finnische Heim hat auch dieses eine Sauna. Unser Gesprächspartner erklärt, dass er das Haus vermiete, nur selten selbst darin wohne, seit er geschieden sei. Zusammen mit seiner Tochter hat er in den letzten Tagen nur mal nach dem Rechten geschaut, schon morgen geht es mit dem Auto zurück in die Heimat – zwölf Stunden brauchen sie bis Helsinki. Die Gäste, die vorwiegend im Winter herkommen, schätzen die Möglichkeit, Ski zu fahren, in die zu Sauna gehen und Nordlichter bestaunen zu können.

Dankend für diesen interessanten Einblick, verabschieden wir uns nach einer Weile und lassen uns erneut am Platz an den Briefkästen vorn an der Straße nieder, denn wir wollen noch ein wenig draußen sitzen und die Abendluft genießen, bevor wir zum Schlafen ins Zelt krabbeln. Wir notieren, was wir erfahren haben, und freuen uns über diese Zufallsbegegnung, die vermutlich gar nicht stattgefunden hätte, wenn nicht das Holz im Wald so feucht gewesen wäre und wir die Mücken mit den Flammen eines Feuers hätten verjagen können.

Wenig später stoppen auch schon die nächsten Menschen und sprechen uns an. Ein junges Pärchen in einem

PKW hat nah neben uns gehalten. Der Fahrer will wissen, ob es uns gut geht. Wir bejahen, erzählen erneut, weshalb wir uns hier befinden. Daraufhin beginnt ein schneller, aber leiser finnischer Wortwechsel zwischen ihm und der jungen Frau auf dem Beifahrersitz. Dem folgt die englischsprachige Frage an uns, ob wir nicht im Lagerhaus auf ihrem Grundstück nächtigen wollen. Wir überlegen kurz, sprechen uns ab, kommen aber zu dem Schluss, dass es irgendwie unnötig erscheint, unser sorgfältig errichtetes Lager wieder abzubauen und heute noch einmal umzuziehen.

„Danke, aber unser Zeltplatz ist super“, erwidere ich. „Danke wirklich vielmals für euer freundliches Angebot“, verabschieden wir sie. So viel finnische Offenheit und Gastfreundschaft bereits am ersten Tag – beeindruckend.

Gegen halb elf Uhr liegen wir in den Schlafsäcken, wollen uns endlich so richtig von der Anreise erholen. Ich habe alles griffbereit, was ich dafür brauche – inklusive Schlafmaske, um die Helligkeit, die im Wald zwar nicht blendend, aber dennoch vorhanden ist, abzuschirmen. „Wo ist denn eigentlich meine Schlafmaske?“, will Cornelia mehr von sich selbst als von mir wissen und beginnt damit herzumzuwühlen. In jedem Winkel des Zeltes findet sie eine Plastiktüte, die sie zum Rascheln bringt auf der verzweifelten Suche nach dem vermissten Gegenstand.

„Im Zug hattest du sie doch noch“, grübele ich.

Meine Freundin nickt. „Ja, ich weiß, deshalb verstehe ich auch nicht, dass sie jetzt weg sein soll.“ Cornelia fasst sich sicherheitshalber an den Hals – dort hängt sie auch nicht mehr. Ich hätte sehr gelacht, wenn sie damit den ganzen Tag Rad gefahren wäre. Doch augenblicklich vergeht mir der Anflug eines Schmunzelns, als mir einfällt, dass ich unseren roten Beutel mit dem Fahrradreparaturset, Öl, Ersatzschläuchen und der Gaskartusche hier noch gar nicht gesehen habe. „Wo ist eigentlich unser Stoffbeutel?“, entfährt es mir laut und ich setze mich erschrocken auf. Meine Schlafmaske klebt an der Stirn, der Pony zeigt steil nach oben.

„Das Werkzeug und so?“, erkundigt sich meine Freundin, die ihre Suche unterbrochen hat.

„Ja, ich kann mich überhaupt nicht erinnern, ihn ausgepackt zu haben, und ganz unten in den Taschen sind doch Schlafsack und Isomatte. Ich hatte also jedes meiner Gepäckstücke in der Hand.“ Nun beginne ich zu kramen, in jeder Ecke nach dem Säumigen zu suchen. Weil Wert und Wichtigkeit des Beutels größer sind – ich habe Cornelia längst mein Tuch als Augenschutz angeboten – bläst Cornelia die „Operation Schlafmaske“ für heute gänzlich ab und sucht mit mir nach dem ach so wichtigen Utensil. Wenn das mein Vater wüsste! Er ist stets besorgt um mein Wohl und hatte uns das Set vor der Abreise mit größter Sorgfalt zusammengestellt – extra noch ein Öl gekauft, dass wir – O-Ton Vater – „jeden Tag auf die Ketten auftragen müssen, wenn wir so viel fahren.“ Zum Glück sieht er nicht, was sich hier im hohen Norden Finnlands am Ende des ersten (!) Radlertages abspielt. Innerhalb weniger Minuten haben wir das gesamte Zelt verwüstet, treten dann nach draußen, suchen dort alles ab, heben die Enden der Plane an, auf der unser Camp steht. Erfolglos, der Beutel bleibt verschwunden. Als es keinen Winkel mehr gibt, an dem wir noch suchen könnten, krabbeln wir zurück in die Schlafsäcke und versuchen uns erst einzureden, dass wir den Vermissten vielleicht am nächsten Tag beim Abbau finden, und bauen uns dann mit dem Gedanken auf, das Reparaturset bestimmt sowieso nicht zu benötigen. Viel schlimmer schmerzt im Moment der Verlust der Gaskartusche, die eigentlich für heißen Kaffee sorgen soll. Für die

Ketten kein Fett, gut, mitteldramatisch, aber für uns kein Koffein? Noch ahnen wir nicht, wie fehlgeleitet unsere Besorgnis ist und dass ein mangelndes Heißgetränk am Morgen das kleinere Übel sein wird …

Gegen null Uhr schlafen wir ein, in einer Umgebung, die chaotischer aussieht als der schlimmste Junggesellenhaushalt.

64 Kilometer

Glutamat und Gewittersound

29. Juli: Kurtakko - Kittilä

Die zehnstündige Nachtruhe könnte durchaus lang genug gewesen sein, vielleicht schaffen wir den Start in den Tag nun auch ohne Kaffee. Uns bleibt nichts anderes übrig, denn der rote Beutel hat sich nämlich nicht heimlich ins Zelt zurückgeschlichen, sodass er immer noch mit Abwesenheit glänzt, als wir alles zusammengepackt haben.

Dafür ist jemand anderes eingetroffen: Eine Gruppe, bestehend aus zwei Mädels und zwei Jungs in den Zwanzigern, hat ihr Lager neben uns aufgeschlagen und nebelt den Wald mit dem Rauch eines Lagerfeuers ein, was wahrscheinlich hilfreich ist, um Mücken zu vertreiben.

Ich krame mein Handy hervor und suche in den Reiseunterlagen nach einer Telefonnummer, um dem Reparaturzeug auf die Spur zu kommen. Der Anruf bei der Bahngesellschaft läuft zwar im flüssigen Englisch ab, führt jedoch zu keinem Ergebnis, weshalb ich mich auf den Weg zu unseren Nachbarn mache. Ich habe ein Smartphone dabei, nutze es aber bewusst ohne mobiles Internet. Wenn ich auf Tour bin, müssen Anruf- und SMS-Funktion genügen. Ich habe nichts gegen technischen Fortschritt, im Gegenteil, zuhause nutze ich diverse Messenger-Programme und Social Media-Kanäle, aber hier, im finnischen Wald, will ich davon auch einmal einige Wochen nichts wissen, denn ich bezweifle, dass eines der heimischen Rentiere mir eine WhatsApp-Nachricht senden oder mich bei Twitter erwähnen will.

Aus diesem Grund jedenfalls freue ich mich über die „Notwendigkeit", mit Menschen in Kontakt treten zu „müssen", und finde mich im dichten Rauch wieder. „Könnt ihr mir vielleicht weiterhelfen? Ich habe etwas im Nachtzug vergessen und möchte direkt am Bahnhof in Kolari anrufen, habe allerdings keine Telefonnummer", zucke ich mit den Schultern.

Eines der Mädels zaubert sogleich ihr Smartphone hervor und durchforstet das Netz, bis sie zu dem Ergebnis kommt, dass eine Telefonnummer auch nicht existiert. Enttäuscht schleiche ich davon und probiere es erneut mit der Hotline auf meinem Ticketausdruck. Dieses Mal werde ich weiterverbunden und erfahre, dass es eine Fundstelle gibt, bei der ich mich in einer Woche wieder melden soll, da bis dahin verlorene Gegenstände gesammelt und dann zentral zusammengefasst werden.

„Eine Woche?"

„Eine Woche."

Ich lege auf.

Cornelia ermuntert uns: „Was soll schon kaputtgehen? Und was den Campingkocher angeht, wir finden an einer Tankstelle bald eine neue Kartusche, die gibt es doch überall."

Hoffnungsfroh schwingen wir uns also auf die Räder und verlassen den Wald, rollen zurück auf die Straße, der wir bis Ylläsjärvi folgen. Das finnische Wort für „See" ist „Järvi", sodass wir bereits am Ortsnamen ablesen können, wie die Siedlung gelegen ist.

Auf der Terrasse eines blauen Holzhauses, in Sichtweite des Gewässers, welches dem Ort seinen Namen gibt, genehmigen wir uns für zwei Euro pro Person Kaffee, den wir nachfüllen, immer und immer wieder, bis uns die Herzklappen flimmern. Dazu gibt es einen Blaubeerplunder, der so ist, wie wir uns das finnische Gebäck vorstellen: Himmlisch! Im Juli und August wimmelt es in den Wäldern nur so von Heidelbeeren. Die Einheimischen pflücken sie, um sie einerseits für den Winter einzufrieren, verarbeiten sie aber auch gern im Kuchen oder genießen die Früchte pur. Auf uns scheint die Sonne hinab, wärmt die Gesichter, während wir auf den See schauen und unsere ausgiebige Frühstückspause genießen.

Erst 14.30 Uhr fühlen wir uns gestärkt genug, um weiterradeln zu können. Kilometer für Kilometer geht es voran, leichte Steigungen fordern unsere Fitness ein wenig, manchmal werden wir von einem Auto überholt. Von Verkehr würde ich auch heute nicht sprechen, so selten wie es zur Begegnung mit einem PKW kommt. Keine Motoren-

Einsame Straße, idyllische Landschaft

geräusche stören uns und es ist wieder so, als gehöre die Straße nur uns. Weit bohrt sie sich auf gerader Strecke in die Wälder hinein, lässt sich von Bäumen umzäunen. Zwischen rechtem Seitenstreifen und Waldrand zeigt der Asphalt einige Risse, die vermutlich der letzte Frost zurückgelassen hat. Beinahe endlos führt die Strecke weiter und weiter. Abschalten, Gedanken und Stress gehen lassen ist ein Leichtes unter diesen Bedingungen und beim Anblick der Farben Grün, Blau und Lila. Für letztere ist das Schmalblättrige Weidenröschen verantwortlich. Es wächst als sommergrüne Pflanze und erreicht Wuchshöhen von fünfzig bis gut einhundert Zentimetern und seine Blütezeit erstreckt sich von Juni bis August. Was die Finnen mit ihm anstellen und warum ihnen diese Pflanze so wichtig ist, sollen wir später noch beobachten können …

Nach einigen Stunden legen wir unsere Plane auf einem Parkplatz aus und verteilen darauf den gesamten Inhalt unseres Proviantbeutels. Schmatzend arbeiten wir uns durch die Köstlichkeiten aus Brot, Käse, Obst und Müsliriegeln, machen die Beine lang, halten die Nasen in Richtung Sonne, atmen saubere Luft ein. Wir sind angekommen, im Hier und Jetzt finnischer Naturidylle.

Es fällt uns schwer aufzubrechen, so sehr genießen wir unser Dasein. Irgendwann aber zieht auch die Ausrede „wird ja nicht dunkel“ nicht mehr und wir machen uns wieder auf den Weg.

In Kittilä – einer Sechstausend-Seelen-Gemeinde mit Flughafen – angekommen, erwerben wir in einer Tankstelle eine neue Gaskartusche und im Supermarkt frisches Brot, dazugehörigen Belag und Instant-Nudeln. Für Holzkirchen- und Museumsbesuch sind wir zu spät, was angesichts unseres Herumtrödelns nicht verwunderlich ist.

So verlassen wir den weitläufigen Ort bald wieder, mit dem Ziel, noch mindestens fünfzehn Kilometer zurückzulegen, bevor wir einen Platz für die Nacht suchen wollen. An Trinkwasser kommen wir, indem wir danach fragen. Wir betätigen die Klingel eines Einfamilienhauses, eine ältere Dame öffnet und befüllt bereitwillig die Wasserflaschen, verabschiedet uns dann freundlich.

Ein Blick auf Cornelias Fahrradcomputer zeigt, dass wir die anvisierte Tagesdistanz von gut sechzig Kilometern bewältigt haben, weshalb wir uns beim nächstbesten Abzweig in den Wald schlagen, etwa dreißig Meter tief hineinfahren und auf einer Lichtung zum Stehen kommen. Es folgt, was noch oft sein wird: Wir dieseln uns mit Mückenspray ein, bis wir husten müssen, schnallen die Taschen ab, holen das Zelt aus seinem wasserdichten Sack hervor und bauen es auf.

Nachdem Isomatten und Schlafsäcke ausgelegt sind, begrüße ich die neue Gaskartusche, schraube sie unter den Kocher und erhitze Wasser. Cornelia bereitet Käsebrote zu. Erwartungsfroh beobachte ich den Topf und sehe, wie allmählich immer mehr Blasen an die Oberfläche treten. Wir freuen uns wie wahnsinnig auf die Glutamat-Bombe mit dem Decknamen „Spaghetti Carbonara“.

Ich habe das Wasser gerade aufgegossen, als die ersten Regentropfen auf die Erde klatschen. Zügig greifen wir unsere Leckerbissen und verschwinden damit ins Zelt. So kann es weitergehen: Tagsüber scheint die Sonne, abends sorgt das Regengeräusch für ein wohliges Gefühl. Mit den Beinen in den Schlafsäcken, dem heißen Essen auf dem Schoß genießen wir das gemütliche Camperleben.

Satt lassen wir uns nach hinten plumpsen und lauschen einem Gewitter, das so weit weg ist, dass der Donner nur

Nachtlager im Wald

sehr leise zu hören ist. Der wechselnden Geräuschkulisse nach zu urteilen, bewegt sich das Unwetter einmal um uns herum. Es tanzt einen Kreis, einen großen, ohne Gefahr, uns mit Wassermassen und Blitzen zu ärgern. Helle Lichter können wir nur erahnen. Dieser Sound der Natur lässt uns bald schon einschlummern, ganz behutsam, sehr sanft …

82 Kilometer

Ohrfeige am Morgen vertreibt Kummer und Sorgen

30. Juli: Kittilä - Sodankylä

Kaffeeduft zieht durch den Wald und – das Beste daran ist – er stammt von uns. Wie herrlich! So kann der Tag beginnen, mit Sonne, Koffein und süßem Gebäck. Ja, heute gibt es tatsächlich Ohrfeigen zum Frühstück. Nein, keine Sorge, Cornelia und ich haben uns weder gestritten noch Freude am Schlagen bekommen. Wir haben einfach nur Hunger und schlemmen endlich „Korvapuusti", das Gebäck, welches uns bereits auf der Fähre aufgefallen war. Geschmacklich sind die Zimtteile kaum zu schlagen, die Zugabe von Kardamom verleiht der Backware den typisch finnischen Geschmack. Mir gefällt vor allem der süße, leicht klebrige Film aus Zimt, der auf meiner Zunge zurückbleibt. Hin und wieder nehme ich einen Schluck des selbst gekochten Kaffees, tauche ein Stück meiner Ohrfeige in das heiße Getränk und lasse meinen Blick durch den Wald schweifen. Es duftet nach Nadelbäumen und Waldboden, der vom nächtlichen Regen noch leicht feucht ist. Baumstümpfe dienen uns als Hocker und die Kombination aus Naturerlebnis sowie Schlemmerfrühstück könnte besser nicht sein. Ich bin sicher, in den nächsten Wochen wird die Zeit vor dem Losfahren des Öfteren genauso ablaufen: Mit Ohrfeigen zum Frühstück …

Der Regen hatte sich so rechtzeitig verzogen, dass wir das Zelt trocken verstauen und zur Mittagszeit gen Landstraße starten können. Wir benötigen morgens erfahrungsgemäß immer um die zwei Stunden für Morgentoilette, Frühstück und Abbau.

Zunächst müssen wir einige Steigungen bewältigen, werden aber immer wieder mit dem Anblick von Rentieren belohnt – sogar eine ganze Herde begrüßt uns und grinst in die Kamera. Die Tiere ernähren sich von Flechten, Moosen und Pilzen und befinden sich größtenteils im Besitz von Züchtern. Ihre Lebensweise wird als halbwild bezeichnet, sie dürfen auf weitem Gebiet umherstreifen, was sie nach Herzenslust tun – unglücklicherweise auch immer wieder vor die Windschutzscheiben von Autos. Es leben etwa zweihunderttausend Rentiere in Finnland. Bei einem Wildunfall, der für die Tiere meist tödlich ausgeht, erhält der Züchter vom Staat eine Abfindung. Ziel ist es natürlich, die Tiere lebend durch die Saison zu bekommen, um sie dann zu Wurst und Geschnetzeltem zu verarbeiten, auch wenn das Ergebnis, aus Sicht der Weihnachtsmanncrew, das gleiche ist. Ich bin noch unschlüssig, ob ich es auf dieser Reise übers Herz bringen werde, ihr Fleisch zu kosten. Das wird nicht leicht werden, wenn mir weiterhin das Bild des putzigen Rudolph mit seiner roten Nase vor dem geistigen Auge herumtanzt … Mit unserer Helmkamera auf dem Kopf versucht Cornelia ganz nah an die Herde heranzukommen, was immer wieder damit endet, dass die Tiere ausreißen. Den Autos lecken sie beinahe den Staub von der Motorhaube, während sie sich vor uns zwei blonden Radfahrerinnen fürchten. Seltsam! Dass uns mal eines dieser pelzigen Wesen auf den Lenker hüpft, müssen wir also nicht befürchten. Um sie vor allem in den dunklen lappländischen Winter vor Kollisionen zu schützen, haben sich die Finnen vor einigen Jahren etwas einfallen lassen: Sie pinseln die Hörner und Flanken der Tiere mit einer ungiftigen, reflektierenden Farbe ein, sodass sie zu leuchten beginnen, werden sie von Scheinwerfern angestrahlt. Garantiert ein irrer Anblick, der zumindest den unwissenden fremden Autofahrer in den Zweifel am eigenen Verstand treibt. Ich bin froh, dass es zurzeit nachts hell genug ist, auch ohne Stirnlampe im Wald austreten zu können.

Kaffee, Ohrfeigen und Blaubeeren – perfekt!

Meine Zurechnungsfähigkeit würde ich garantiert sehr in Frage stellen, liefe mir ein leuchtfähiges Rentier in den Lichtkegel der Stirnlampe, während ich mich ahnungslos zwischen den Bäumen aufhalte.

Wir sind durstig, unsere Wasservorräte aufgebraucht. An einem urigen Grundstück mit gemütlichem Holzhaus kommen wir zum Stehen und bitten um Befüllung unserer Flaschen. Herzlich werden wir von einem Pärchen mittleren Alters und einem alten Herren begrüßt. Letzterer spricht ausschließlich Finnisch, der jüngere Mann ein gutes Englisch, die Frau auch. Sie ist Schwedin, er Finne und sie haben erst kürzlich das Haus ohne Strom und fließend Wasser von den Eltern übernommen, die zu alt sind, sich darum zu kümmern, und nun in Kittilä leben. Die Tochter des binationalen Paares wohnt mit Kind und Kegel in Berlin, arbeitet dort als Tanzlehrerin. Der reife Mann vor unseren Nasen wird als Nachbar vorgestellt. Während das frische Brunnenwasser in die Gefäße plätschert, führen wir mit ihm ein informatives Hand-Fuß-Gespräch, bei dem wir – so glaube ich – über das Wetter und unsere Route reden. Dann inspiziert er die Räder und vermutet in meinem Fahrradschloss, das am Rahmen festgeschraubt ist, einen kleinen Motor.

„Nein, nein", lachen wir und ich tippe auf meine Oberschenkel, „der Motor ist hier drin." Er versteht – auch ohne gemeinsame Sprache. Dann spaziert noch ein Rentier übers Grundstück, wir lassen uns die Flaschen zurückgeben und darüber informieren, dass sich der nächste Supermarkt in Sodankylä befindet und glücklicherweise bis 21.00 Uhr geöffnet hat. Selbst wir sollten es schaffen, ihn rechtzeitig zu erreichen.

Schwungvoll geht es wieder auf die Sättel und davon durch das finnische Grün, vorbei an weiteren Rentieren. Immer wieder halten wir an, verlieren die Hoffnung nicht, dass eines von ihnen der echte Rudolph ist. So sind wir doch ganz in der Nähe vom Hauptsitz des Weihnachtsmannes. Bald schon sollen wir ihn kennenlernen und ich werde ihn ein wenig anschwindeln, wenn er mich nach seinem rotnasigen Schlittentier fragt. Die Paarhufer haben allesamt einen interessanten Laufstil, etwas x-beinig beschwingt, eilen sie nämlich durch die Landschaft und mir wird – angesichts der Gangart – klar, warum der Weihnachtsmann sie lieber zum Fliegen einteilt, nicht aber für Überlandfahrten.

Am Supermarkt in Sodankylä angelangt, schließen wir Bekanntschaft mit motorisierten Bikern. Drei Männer in Lederkluft kommen angebraust, einer von ihnen spricht uns an, stellt sich als russischer Biker vor, der heute bereits achthundert Kilometer bewältigt hat, auf dem Rückweg vom Nordkap nach Helsinki, wo er lebt. Zur Vermeidung von Gesäßschmerzen trägt er unter seiner Lederhose zusätzlich eine gepolsterte Radlerhose – genauso wie wir, nur mit dem Unterschied, dass wir keinerlei Beschwerden verspüren, er schon. Schon ein halbes Jahr vor der Reise habe ich mir einen Brooks-Ledersattel montiert, den ich bereits in meiner Heimatstadt eingefahren habe. Unter Langstreckenradfahrern ist der englische Hersteller auch in Deutschland recht bekannt. Die Firmengeschichte reicht bis in das Jahr 1866 zurück. Offensichtlich weit genug, um ausreichend Erfahrung für die Kreation bequemer Sättel zu sammeln. Es ist zwar kein Produkt aus England, aber: Cornelia ist ebenfalls auf einem Sattel unterwegs, den sie schon viele Jahre nutzt und der ihr noch nie Probleme bereitet hat.

Unweit der Touristeninformation, am Abzweig der Straße nach Kemijärvi, stoßen wir auf die zweitälteste Holzkirche Lapplands, die gern einmal als älteste ihrer Art gehypt wird. Wie auch immer, alt ist sie allemal, denn

Die zweitälteste Holzkirche Lapplands

sie stammt aus dem Jahre 1689. Nur die Kirche von Tornio wurde drei Jahre zuvor erbaut. Jedenfalls ist dieses Gotteshaus hier nie großartig verändert worden, versprüht also noch seinen ursprünglichen Charme und gilt dabei als die beste noch erhaltene Holzkirche des Landes. Ihr Inneres soll schlicht, aber beeindruckend sein – ein Fakt, den wir leider nicht überprüfen können, weil wir wieder einmal zu spät sind. Es ist wirklich ein Teufelskreis: Abends spät ankommen, deshalb morgens lange schlafen, erst gegen Mittag loskommen, tagsüber herumtrödeln, wieder zu fortgeschrittener Stunde eintreffen … Ob wir jemals ausbrechen können? Für Eulen wie uns ist dies keinesfalls leicht und die Tatsache, dass wir im „normalen Leben" beide selbstständig sind und nach unserem Rhythmus leben dürfen, trägt dazu bei, eine Existenz zwischen Mittagszeit und Geisterstund' zu führen. Wir begnügen uns mit unseren Fantasien, die ein interessantes Innenleben der Kirche erahnen lassen. Von außen jedenfalls erinnert sie mit ihrem dunklen Holz und dem Spitzdach eher an ein gemütliches Wohnhaus als an eine Kirche. Ein kleiner Vorbau geleitet den Gast hinein.

Ein Abstecher zur ebenfalls interessanten Statue „Lappe und Rentier“ soll unsere letzte Amtshandlung vor Verlassen der Stadt sein. Ein Rentier und ein Mann in traditioneller Sámi-Bekleidung teilen sich den Platz auf einem Steinsockel. Das Geweih des Tieres ist riesig, hält den Züchter allerdings nicht davon ab, den Paarhufer daran per Strick festzuhalten.

Nachdem wir Fotos und Videoaufnahmen angefertigt haben, radeln wir aus dem Ort hinaus, um uns auf Campingplatzsuche zu begeben. Dafür benötigen wir bedauerlicherweise einen zehn Kilometer langen Anlauf, weil wir zu lange in der Nähe von Rodungsgebieten sind, es vermüllt oder einfach zu feucht und sumpfig ist.

Als wir endlich fündig geworden sind, bauen wir gleich unser Lager auf, und zwar unter den neugierigen Augen eines fressenden Rentieres. Zum Abendessen lässt sich das Kerlchen nicht einladen, weshalb wir ganz allein unsere Asia-Nudeln mit pechschwarzer Soße, Schokolade, Brot und Cola vertilgen müssen. Darüber, was wir über das Fertigessen wissen, möchten wir gar nicht erst nachdenken, schon gar nicht, wenn die Farbe unserer Nahrung bereits derartig ungesund aussieht. Hier im Wald, nach achtzig Kilometern Radfahrt, ist es jedoch einfach nur schön, etwas Warmes in den Magen zu bekommen. Und wie wir längst wissen, schmeckt das Essen an der frischen Luft grundsätzlich und ausnahmslos gut.

Meine Haare erinnern mittlerweile an ein kaputtes Vogelnest. Die fehlende Wäsche und der Fahrradhelm müssen dafür gesorgt haben. Dennoch stört mich das auf dieser Reise so gar nicht. Normalerweise werde ich schon nervös, wenn ich mal vierundzwanzig Stunden nicht duschen kann, aber hier in Finnland erweckt eine andere Erkenntnis meine Aufmerksamkeit: Ich habe nicht viel bei mir, aber gerade genug, um mich rundum wohlfühlen zu können. Letztendlich brauchen wir doch alle nur ein Dach über dem Kopf, eine ordentliche Füllung im Magen, warme Socken an den Füßen und saubere Luft zum Atmen. Wenn dann noch positive Gedanken an einen aktiven, bewegungsreichen Tag mit Eiscreme und angenehmen Gesprächen dazukommen, ist das Glück perfekt. Mein Glück, unser Glück! Ich lerne, und das nicht zum ersten Mal, dieses einfache Leben ohne Bodylotion und all den anderen Schnickschnack zu schätzen. Mit kommt das Lied „Leichtes Gepäck“ von Silbermond in den Sinn. Im Refrain heißt es:

Eines Tages fällt dir auf,
dass du 99 % nicht brauchst.
Du nimmst all den Ballast
und schmeißt ihn weg,
Denn es reist sich besser,
mit leichtem Gepäck.

Ich kann das nur bestätigen, auch wenn ich in meiner Wohnung garantiert einige unnütze Dinge herumstehen habe. Immer mal wieder packt es mich, dann entrümpele ich gründlich oder – noch besser – begebe mich auf eine Reise, zu der ich nur so viel mitnehme, wie ich selbst befördern kann. Ich gebe zu, dass ich im Gegensatz zu meinem Backpacker-Equipment bei dieser Tour etwas mehr mit mir herumtrage. So haben es ein Buch, eine Waschtasche, die neue Helmkamera und eine Extra-Ladung „Notnahrung“ in meine wasserdichten Taschen geschafft. Es kommt, finde ich, bei einer Radtour nicht ganz so sehr auf das einzelne Gramm an wie bei einer Rucksackreise. Dennoch haben wir beide – Cornelia und ich – nichts dabei, was wir nicht auch benutzen.

57 Kilometer

Werkzeug schmerzlich vermisst

31. Juli: Sodankylä - Saunavaara

Sonntagmorgen in Finnland und der Worstcase ist eingetreten: Unser Mückenspray ist aufgebraucht und das zu einem Zeitpunkt, an dem wir es dringender denn je benötigen. Ein morgendliches Austreten ist nämlich kaum erträglich ohne das Insektengift und wird zum anstrengenden Tänzchen. So heute: Es zischt nur noch schwach, ein wenig Sprühnebel weht durch die Landschaft und dann muss ich die leere Dose enttäuscht niederlegen und zusehen, wie ich klarkomme. Noch ahne ich nicht, dass dieses Manöver die geringste Herausforderung sein wird …

Weil Sonntage ein guter Anlass sind, mal wieder Körperpflege zu betreiben, nehmen wir nach einigen Kilometern einen Abzweig zu einem See, schlüpfen in die Bikinis und genießen ein erfrischendes Bad. Erst als ein Mann mit

Pause am See

Kleinkind uns anspricht, bemerken wir, dass wir uns auf einem Privatgrundstück, einer Ferienanlage befinden. Wir erzählen dem Besitzer, dass wir Camper sind und die Wildnis für uns entdeckt haben. Er lässt uns gewähren und berichtet vom Bau mehrerer kleiner Häuschen, vom Umzug aus der Stadt hierher und den weiteren Plänen mit diesem Areal.

Dankend und mit feuchten Haaren machen wir uns wieder auf den Weg und radeln weiter, fröhlich und beschwingt, bis zum Kilometer vierundzwanzig, denn nach exakt dieser Distanz setzt leichter Regen ein. Wie überflüssig – sind wir doch schon sauber! Weil wir uns das Wetter aber nun mal nicht aussuchen können, versuchen wir wenigstens, es auszutricksen, und rollen auf einen Parkplatz. Hier wollen wir unser Zelt aufstellen, hineinkrabbeln und verharren, bis der Schauer über uns hinweggezogen ist. Dann müssen wir nur noch ein wenig warten. Sobald das Zelt getrocknet ist, können wir wieder abbauen und weiterziehen. So der Plan, von dem wir glauben, er sei eine Glanzleistung unseres Gehirns. Bei heftigerem Regen schieben wir die Stangen ins Zelt und stürzen schnell hinein. Grinsend schauen wir einander an und ich freue mich: „Das war eine super Idee, die Husche auf diese Weise trocken durchzustehen." Cornelia erwidert meine positiven Emotionen mit einem breiten Lächeln.

Dann vergehen zehn Minuten, zwanzig, eine Dreiviertelstunde. Unsere Mundwinkel haben sich im Fünfminutentakt immer weiter nach unten bewegt. Meine Knie schlagen wie Kastagnetten aneinander, Cornelia zittert am gesamten Oberkörper. Das Wasser klatscht mit aller Kraft auf den Stoff über unseren Köpfen. „Wenn das nun doch nicht bloß ein Schauer ist?", traut sich Conny als Erste, unsere insgeheimen Befürchtungen laut auszusprechen.

„Hm", brumme ich.

Wir ziehen den Reißverschluss auf und schauen zum Himmel – grau.

„Vielleicht hole ich uns erst einmal etwas Warmes zum Anziehen", schlägt Cornelia vor.

„Dann wirst du doch nass", gebe ich zu bedenken.

„Besser als zu frieren. Wer weiß, wie lange wir hier noch festhängen." Cornelia verlässt das Zelt, zieht Pullover und Schlafsack aus einer der Radtaschen, die allesamt noch abfahrbereit an den Bikes hängen.

Den Schlafsack breiten wir aus, schlagen ihn um die Beine, soweit es geht. Allmählich zieht eine wohlige Wärme durch unsere Körper. Wir lehnen uns zurück, erreichen eine waagerechte Warteposition und starren an die Zeltdecke. Tropfen für Tropfen werden die Augenlider immer schwerer, bis wir einnicken.

Als ich erwache, wundere ich mich über den Schmerz in meinen Gliedern. Alles tut weh, so als hätten wir stundenlang auf dem harten Asphalt geruht. Stundenlang? Stundenlang! Ich sehe zur Uhr und rüttele daraufhin erschrocken an Cornelias Schultern. „Wir sind schon seit zweieinhalb Stunden hier!"

Cornelia blinzelt, reibt sich die Augen und öffnet das Zelt. Wir stecken unsere Köpfe hinaus. Es tröpfelt leicht und die Wolken wirken deutlich versöhnlicher als noch vor zwei Stunden. Guter Dinge schälen wir uns hinaus, schütteln unsere Behausung kräftig und packen sie dennoch nasser ein als gewollt. Aber was soll`s? Wenn wir noch länger warten, müssen wir auf diesem Parkplatz womöglich überwintern. Deshalb machen wir uns wieder auf den Weg.

Nach einer halben Stunde setzt erneut heftiger Regen ein, der nicht gerade den Eindruck macht, bald wieder verschwinden zu wollen. So dauert es nicht lange, bis wir vollständig durchnässt sind. Großartig: Die ganze „Wirwollen-um-jeden-Preis-trocken-bleiben-Aktion“ ist damit für die Katz! Wir sind nass, das Zelt auch und Wetterbesserung ist nicht in Sicht – was für eine Heldentat! Wir haben fast drei Stunden Fahrzeit verloren, unser Haus ertränkt, um nun bis auf die Unterwäsche durchnässt zu sein. Toll gemacht, Cornelia und Mady! Was hat uns nur geritten? Vermutlich die völlig verklärte Vorstellung, es würde nur ganz kurz regnen und danach eitler Sonnenschein schnell das Wasser wegzaubern. Wir beschließen, nach einem Zeltplatz Ausschau zu halten, und hoffen auf einen warmen Aufenthaltsraum, eine heiße Dusche und einen geschützten Ort, an dem wir unser Lager trocknen können, bevor wir es für die Nacht erneut aufschlagen.

Wir entdecken tatsächlich ein Schild, das auf einen Campingplatz verweist, allerdings viele Kilometer abseits gelegen. Für Autofahrer sicherlich schnell erreichbar, nicht aber für Bikerinnen. Deshalb kämpfen wir uns weiter durch diesen grauen Sonntag, bis wir Pelkosenniemi – eine Tausend-Seelen-Gemeinde rund einhundertvierzig Kilometer nordöstlich der Stadt Weihnachtsmannstadt Rovaniemi – erreichen. Gleich am Ortseingang finden wir einen Supermarkt, der sogar geöffnet hat und das bis 21.00 Uhr, an einem Sonntag! So ist das in Finnland – die Ladenöffnungszeiten sind äußerst großzügig und schließen das Ende der Woche mit ein. Für uns ein willkommener Umstand. Cornelia betritt das Geschäft und erkundigt sich bei der Kassiererin nach Unterkünften jeglicher Art und kommt zunächst mit der niederschmetternden Botschaft, dass wir dafür einen Umweg von achtzehn Kilometern in Kauf nehmen müssen, wieder hinaus. Dann winkt die Frau uns noch einmal hinein und hält uns eine Lokalzeitung unter die Nasen. „Es gibt ein Bed and Breakfast“, deutet sie auf eine Anzeige. „Nur zehn Kilometer von hier und unmittelbar auf eurer Route gelegen.“ Sie greift zum

Telefonhörer und ruft dort an. Wir lesen derweil in ihrem Gesicht und unsere Hoffnung auf trockenen Unterschlupf wächst. Nachdem sie aufgelegt hat, überbringt sie im perfekten Englisch die frohe Kunde, dass wir willkommen sind.

Schnell machen wir uns auf den Weg und radeln wieder los. Nicht lange, denn nach einem halben Kilometer werden wir brutal ausgebremst. Urplötzlich klappt Cornelias Gepäckträger nach hinten und das Gewicht der Taschen zieht ihn weit hinab. Panisch umklammern meine Finger die Bremsen, ziehen sie bis zum Anschlag und ich komme mit zitternden Knien gerade noch rechtzeitig, aber verdammt nah am Rad meiner Freundin zum Stehen. Meine Füße springen von den Pedalen, landen unsanft in einer Pfütze. Cornelias Gepäck, das einige Meter über den Boden geschleift wurde, hängt lustlos und stumm in der gleichen Wasserlache.

„Geht's dir gut?", schnaufe ich.

„Ja", erwidert Cornelia.

Wir starren auf den Gepäckträger.

„Ist er gerissen?", will ich wissen.

Gemeinsam entfernen wir Taschen und Zelt und begutachten den Schaden. Erleichtert stellen wir fest, dass sich lediglich zwei Schrauben gelöst haben. Auch wenn diese Erkenntnis durchaus erhellend ist, so steht die Frage im Raum, wie sich Schrauben ohne Werkzeug wieder befestigen lassen. Wir probieren es mit den Fingern, was nicht funktioniert. Ich sehe mich um, weit und breit ist niemand zu erblicken, nur einmal rauscht ein Auto durch den verschlafenen Ort, wirbelt Wasser auf und eilt weiter. Da stehen wir nun, bis auf die Knochen durchnässt, mit einem kaputten Gepäckträger unter grauem Himmel am Straßenrand. Mit nassem Zelt und ohne Werkzeug, am Ende unseres gerade einmal vierten Reisetages. Wenn uns mein Vater so sehen würde! Während das Reparaturset wahrscheinlich noch immer fröhlich Zug fährt, vermissen wir es schmerzlich. Wer hätte gedacht, dass man für eine solche Tour tatsächlich Werkzeug benötigen könnte?! Wenn das so weiter geht mit den Verlusten – erst die Schlafmaske, dann der rote Beutel und nun auch noch der Gepäckträger – dann erreichen wir Helsinki wie Hans im Glück, der am Ende ohne Besitztümer durchs Leben geht. Der Song von Silbermond kommt mir wieder in den Kopf: „Denn es reist sich besser, mit leichtem Gepäck." Okay, so leicht ist auch irgendwie übertrieben ...

Cornelia greift nach einem ihrer Spanngurte und bittet mich, den Übeltäter nach oben zu schieben, während sie das Gurtband an der Sattelstange fixiert. Wir rütteln an der Konstruktion, die tatsächlich erstaunlich stabil erscheint. Dann befestigen wir die Taschen wieder und schnallen den Zeltsack inklusive Notproviant sicherheitshalber auf meiner Kameratasche fest. Wir überprüfen unsere Arbeit und entscheiden, langsam weiterzufahren.

Zehn Kilometer mit einer Extralast von fast fünf Kilogramm können ganz schön zäh werden. Keuchend versuche ich mit Cornelia mitzuhalten, deren Gepäckträger auch bei zügigerer Fahrt tapfer durchhält.

Völlig erschöpft erreichen wir den Wegweiser zur Unterkunft „B&B-majoitus Mäkelä" und rollen auf ein großes Grundstück mit mehreren Holzhäusern zu. Da es bergab geht und wir erst einmal niemanden ausmachen können, sausen wir durch bis zum Fluss, an dem das Areal liegt. Dort angekommen, sehen wir uns suchend um. Eine Frau Mitte fünfzig kommt wild gestikulierend auf uns zu gelaufen. „Hier oben, hier oben!", ruft sie auf Englisch. Keuchend fügt sie an: „Ich habe euch schon längst gesehen und versucht aufzuhalten. Das Gästehaus befindet sich hier", deutet sie in die Richtung, aus der wir gerade gekommen sind.

Wir schieben die Räder hinauf und schauen uns um – jedes der Bauwerke ist so sorgfältig angemalt und gepflegt, das es zum Wohnen einlädt, auch wenn es nur als Stall dient.

„Wo kommt ihr denn her?", will unsere Gastgeberin wissen.

Nachdem wir ihr unser Heimatland genannt haben, wechselt sie kurzerhand die Sprache und spricht auf Deutsch weiter. Sie hat einige Zeit in der Schweiz gelebt und zuvor während ihrer Schulzeit neben Englisch und Schwedisch auch unsere Landessprache erlernt.

„Eigentlich vermiete ich momentan gar nicht", erklärt sie. Dann mustert sie unsere nassen Gesichter und die triefenden Kleidungsstücke. „… aber nachdem die Frau am Telefon meinte, es kämen zwei Radlerinnen mit Fahrrädern, konnte ich nicht nein sagen."

Wir nicken erleichtert und lassen uns den Weg in den Pferdestall weisen. Dort stellen wir die Räder ab, entfernen das Gepäck und folgen der Frau zu einem der Gebäude.

„Wisst ihr, es ist Urlaubszeit und die ganze Familie ist hier versammelt, aber ein Zimmer haben wir noch frei. Wenn es euch nicht stört, dass ihr meine Tochter mit Baby als Nachbarin habt, dann könnt ihr meinetwegen gern bleiben."

Wir nicken eifrig. Klar, wollen wir bleiben. Danach erzählen wir ihr von unserem kaputten Gepäckträger. Sie ist sich sicher, dass ihr Schwiegersohn, der den Sommer über mit umfangreichen Bauarbeiten auf dem Grundstück beschäftigt ist, auch mit dieser Aufgabe fertig werden wird. „Das machen wir alles morgen Früh", kündigt sie mütterlich an und schiebt uns ins Haus. Wir schlüpfen aus den nassen Turnschuhen und folgen ihr in die Küche. Hinter uns bleibt eine Spur aus Wassertropfen zurück.

„Nehmt euch Gläser und Wasser!", bietet sie an.

Der Raum ist groß, wird im Winter von einem alten

Unsere Wohlfühloase: Die Familiensauna

Holzofen gewärmt. Über der Spüle hängt etwas, von dem ich schon gehört habe: Der Abtropfschrank. Anstatt eines Schrankbodens befindet sich dort ein Gitter. Nachvollziehbarerweise fragen sich die Finnen wohl, wozu man abtrocknen sollte, wenn das doch die Luft erledigen kann. Mir gefällt diese Erfindung außerordentlich gut. Es sieht aufgeräumt aus, weil keine Tassen und Teller herumstehen, und niemand muss sich mit dem Abtrocknen plagen.

Dann führt uns die Frau über eine schmale Holztreppe in die obere Etage zu einem gemütlichen Zimmer mit zwei Betten, zwischen denen ein langer blauer Läufer liegt. Im gesamten Haus befinden sich Teppiche dieser Art, in verschiedenen Farben, mal mit Fransen, mal ohne.

„Wenn ihr wollt, könnt ihr nachher in die Sauna gehen", stellt sie in Aussicht.

„Sauna?", unsere Augen beginnen zu leuchten. „Gern!"

„Wenn meine Mädels wieder hochkommen, gebe ich euch ein Zeichen, denn dann könnt ihr ungestört saunieren."

„Saunieren Männern und Frauen getrennt?", will ich wissen.

„Normalerweise schon, nur innerhalb der Familie sehen wir das nicht so eng“, erklärt sie uns.

Sie verabschiedet sich mit dem Angebot, dass wir gern zum Abendessen hinüber in ihr Wohnhaus kommen können.

Nach einer heißen Dusche hängen wir die nassen Sachen auf, breiten das Zelt im Stall aus und sind einfach nur glücklich. „Das ist ja noch einmal gut gegangen heute!“ Für einen Übernachtungspreis von dreißig Euro pro Person lassen wir uns den Luxus, ein Dach über dem Kopf zu haben, gern gefallen. Es dauert nicht allzu lange, bis wir dem Genussgefühl noch ein Krönchen aufsetzen können und die Familienmama uns zu verstehen gibt, dass die Sauna nun frei sei.

In Handtücher gekleidet, laufen wir hinab zum Fluss, an dem sich ein rotes Blockhaus mit Schornstein befindet. Über eine quietschende Holztür gelangen wir in einen gemütlichen Raum mit Ofen, Doppelstockbett, Tisch und zwei Stühlen sowie einem Wandregal mit Tassen und Gläsern darauf. Auch hier ist Vorsicht geboten, nicht auf einem der dekorativen Läufer auszurutschen. Über einer weiteren Tür hängt ein Rentiergeweih. Wir öffnen sie und gelangen in die Sauna. Hitzehungrig krabbeln wir auf die oberste Bank, jedoch nicht ohne vorher einen Aufguss gemacht zu haben. Dann sitzen wir einfach nur da, starren durchs Fenster direkt auf den Fluss, sehen ein Ruderboot, welches an einem Holzpflock befestigt ist, und das waldreiche Ufer. Regentropfen platschen in das Wasser und erzeugen Millionen Kreise auf der Oberfläche – große, kleine, welche mit dünnem Rand, einige mit dickem. Das Feuer knistert und treibt uns allmählich die Schweißtropfen auf die Stirn. Erst, als diese den gesamten Körper hinabrinnen, verlassen wir unsere Plätze und tapsen über den nassen Rasen zur Badestelle. Vorsichtigen Schrittes kommen wir zu einer Abkühlung, die für meinen Geschmack eine Spur zu erfrischend ist. Damit es nicht peinlich wird, muss ich mich zusammenreißen und brülle ausnahmsweise mal nicht hemmungslos wie am Spieß, auch wenn es mir schwerfällt. Erst einige tapfere Schwimmzüge später kehren wir beide an Land zurück, trinken in dem gemütlichen Aufenthaltszimmer ein Glas Limonade und betreten bald wieder den feuerbeheizten Raum.

Nach dem dritten Saunagang machen wir das, was uns die Gastgeberin zuvor erklärt hat: In einem Holzeimer mischen wir erhitztes mit kaltem Wasser, greifen zu Shampoo und Duschbad und schrubben uns am gesamten Körper, waschen die Haare mal wieder richtig gründlich. „Wir reinigen uns immer in der Sauna“, hatte die Mittfünfzigerin uns mitgeteilt.

Als wir zum Gästehaus zurücklaufen, fühlen wir uns quicklebendig und alle Strapazen des Tages sind vergessen. In kuschlige Fleecepullover gehüllt, eingecremt und gekämmt sind wir wohl fein genug rausgeputzt, die Einladung zum Abendessen annehmen zu können.

Wir klopfen und werden hereingebeten. Auf dicken Strümpfen tapsen wir in das Wohnzimmer, werden sogleich von zwei kleinen Kindern und einem blonden Kerl um die dreißig begrüßt. Ein Finne, wie er im Buche steht! Groß, gut gebaut, mit blonden dicken Haaren und kräftigem Kinn. Wenn das der Typ ist, der Cornelius Fahrrad reparieren soll, kann ja nichts mehr schiefgehen …

Wir nehmen am großen Holztisch Platz und bekommen die Speisen erklärt, die natürlich alle selbstgemacht sind: Salat aus eigenem Anbau, geräucherte Rentierwurst aus eigener Zucht, frischgebackenes Brot, ein Beerendessert aus heimischen Waldfrüchten ... Wir greifen nach einer warmen Scheibe Brot und bestreichen sie mit Butter – nacheinander, denn die Finnen teilen sich bei Tisch ein einziges Messer aus Holz, welches immer wieder in das

Streichfett zurückgesteckt werden muss, damit der nächste es nutzen kann. Ein eigenes Messer gibt es eben nicht für den einzelnen Tischgast. Auch wenn ich die schwarzen Kulleraugen der Tiere vor dem geistigen Auge sehe, so siegt die Neugierde und ich probiere von dem Rentierschinken. Er ist ziemlich dunkel und fest, gut gewürzt – lecker! Auf die Frage nach der Anzahl ihrer Rentiere klärt mich der schöne Finne gleich auf: „Frag einen Rentierzüchter niemals nach der Größe seiner Herde. Das ist, als würdest du dich nach dem Gehalt erkundigen."

„Oh, sorry", erwidere ich kleinlaut.

Er fügt zwinkernd an: „Wir besitzen nur dreißig, vierzig Tiere – das sind sehr wenige."

Dann erfahren wir noch, dass er Kindergärtner ist, aber aktuell keiner Anstellung nachgeht, da seine Frau als Ärztin in Rovaniemi arbeitet und er sich leidenschaftlich gern um das kleine Mädchen auf seinem Schoß, die gemeinsame Tochter, kümmert. Er berichtet, die junge Familie sei erst in diesem Jahr von Helsinki in den Norden gezogen und ihm stehe sein erster Winter noch bevor. „In der Hauptstadt liegt zwar auch Schnee, aber ich empfinde ihn dort eher als grau. Hier oben werden wir das Weiß in seiner reinsten Form sehen können und richtige trockene Kälte spüren", freut er sich schon auf die frostige Jahreszeit.

„Wie haltet ihr das mit der Dunkelheit aus?", will ich von seiner Schwiegermutter wissen.

„Ach weißt du, nachdem die längste Nacht geschafft ist, geht es bergauf. Jeden Tag schauen wir auf die Uhr und freuen uns, wenn es immer eine Minute länger hell ist."

Nachdem wir ein Schälchen Blaubeeren mit Milch und Zucker gegessen haben, tun wir uns noch vom Moltebeeren-Dessert auf. Die Frucht erinnert optisch an eine Brombeere, nur ist sie orangefarben. Auf dem finnischen Zweieurostück ist sie abgebildet und gilt als Wahrzeichen

Lapplands. Uns schmeckt sie hervorragend und während wir so zufrieden vor uns hin schmatzen, betritt ein Mann im Alter unserer Gastgeberin den Raum. Vermutlich ist es ihr Gatte, der freundlich nickt.

Ich möchte noch etwas mehr über die finnische Saunakultur erfahren. Unsere Gastgeber bestätigen mir, was ich zuvor bereits gelesen hatte: Regeln gibt es nicht. Jeder sauniert so, wie es sich für ihn richtig anfühlt. Den Finnen erscheint schon die Frage nach gewissen Vorschriften für den gesunden Saunagang komisch. Sie kennen keine Mindestangaben für die Ruhepausen zwischen den Gängen, machen das, was ihrem Körper gut tut. Die Familie hat neben der Sauna am Fluss auch noch eine weitere im Haupthaus für den Winter. Sie geht fast, aber nicht unbedingt jeden Tag saunieren. Die Wärme soll gegen juckende Mückenstiche helfen. Von den Biestern gebe es in diesem Sommer weniger als sonst, wie wir nun schon zum zweiten Mal hören. „Nur letztens, da hatten wir eine heftige Zeit“, schaltet sich der Blonde wieder ein. „Es war nicht möglich, ohne Kopfnetz vor die Tür zu treten. Und selbst auf dieses Ding haben sie Angriffe geflogen.“ Wie froh wir jetzt sind, später angekommen zu sein. Nicht auszudenken, wie es uns ergangen wäre, wenn selbst die Einheimischen schon klagen …

Am Ende des Abends checkt unsere Gastgeberin die Wettervorhersage. Wir wünschten, sie hätte es bleiben lassen …

66 Kilometer

Knapp daneben ist auch vorbei

1. August: Saunavaara - Kemijärvi

... weder regnet es, noch sieht es nach schlechtem Wetter aus. Wie es scheint, hat sich der finnische Wetterdienst geirrt. Hoffen wir es!

Ein wenig mürrisch schiebe ich die Bettdecke beiseite. Sonderlich gut habe ich nicht geschlafen, trotz der Gemütlichkeit des Raumes und der bequemen Matratze. Mich hat in der vergangenen Nacht der Zwischenfall mit Cornelias Gepäckträger nicht losgelassen. Es gab schon Abschnitte, auf denen wir mit gut vierzig Kilometern pro Stunde entlangrasen konnten. Nicht auszumalen, was passiert wäre, wenn bei solch einer Geschwindigkeit das Gepäck weggeklappt wäre! In diese Vorstellung habe ich mich in der Einsamkeit der Nacht dann irgendwie hineingesteigert und bin nicht mehr so richtig zur Ruhe gekommen. Cornelia sagt, sie habe auch schon besser geschlafen, aber eher, weil sie die Raumtemperatur zu hoch fand, nicht aber an die Panne denken musste.

Wir spazieren zum Frühstücken hinüber. Von den Köstlichkeiten können wir gar nicht genug bekommen. Besonders begeistert sind wir vom „Puuro“ – auch wenn er optisch nicht gerade ansprechend aussieht. Es handelt sich dabei um einen Getreidebrei, der von der Konsistenz her an Kleister erinnert. Die Finnen verzehren ihn gern zum Frühstück, weil er nahrhaft ist und lange satt macht. Schon früher wurde er oft konsumiert, da er besonders billig und eben magenfüllend war. Ich wundere mich, dass Cornelia sich bald schon eine zweite Portion davon auf den Teller lädt – hat sie doch bisher alles verschmäht, was mit Haferflocken und Co in Milch gekocht wurde. Hat die finnische Luft ihren Geschmackssinn verändert? Auch ich greife zu einer zweiten Portion, verfeinere mit dem Moltebeeren-Rhabarber-Fruchtcocktail und tue mir ein großes Stück vom frischen Blaubeerkuchen auf. Wir beide sind uns bewusst, dass wir ein solch fürstliches Frühstück wohl nicht so schnell wiederbekommen werden, und arbeiten uns durch alle Speisen auf dem Tisch.

Satt packen wir die Sachen zusammen, gehen in den Stall, schieben die Räder hinaus und winken den blonden Finnen zu uns. Mit seinem Werkzeuggürtel bewaffnet, macht er sich an Cornelias Gepäckträger zu schaffen. Geduldig probiert er alle Schlüssel aus, findet keinen passenden, verschwindet in einer Scheune und kehrt mit anderem Reparatur-Equipment zurück. Während er geduldig austestet, womit es gehen kann, tollen die Kinder – seine Tochter, das andere Kleine von gestern Abend und noch ein weiteres – um ihn und uns herum. Sie alle haben weißblonde Haare und kernige Gesichter. Irgendwann verschwindet eines und findet sich auf einem Sandhaufen wieder. Glücklich grinsend. Alles an diesem Ort erweckt den Eindruck, als trage es zu einer tollen Zeit für die Kinder bei: Sie haben Spielkameraden, überall Natur um sich herum, dürfen über ein großes Grundstück tollen, auf dem es viel zu entdecken gilt. Im Sommer wird es hier oben nicht dunkel, Zeit, lange draußen zu sein. Hier in dieser ländlichen Gegend scheinen Gefahren, die von anderen Menschen ausgehen, nicht zu existieren. Mein Blick, der nur der einer flüchtigen Besucherin ist, entdeckt eine Szenerie, die gut aus einem Astrid Lindgren Buch stammen könnte – auch wenn wir hier nicht in Schweden sind.

„Ich gehe hinein, um zu bezahlen“, reißt mich Cornelia aus meinen Träumereien.

„Okay“, antworte ich und nicke der erwachsenen Tochter, unserer Zimmernachbarin, die gerade das Haus verlässt, zu.

„Guten Morgen“, begrüßen wir einander auf Englisch.

Während der Blonde noch immer am Gepäckträger herumwerkelt, beginnen die Tochter und ich ein Gespräch. Die junge Frau ist genauso wie ich um die dreißig und erzählt mir, dass sie zurzeit ein Masterstudium der Musik absolviert. Auf meine Frage, was sie danach machen möchte, zuckt sie mit den Schultern.

„Ich weiß es noch nicht, vielleicht ziehe ich nach Deutschland, denn euer Land ist für Musiker die erste Adresse. Ihr habt viele renommierte Opernhäuser, an denen ich gern arbeiten würde“, klärt sie mich auf.

Wir plaudern noch ein wenig über ihr Studium, ich berichte ausgiebig von unserer Tour und den weiteren Stationen. Erst nach einer ganzen Weile kehrt Cornelia zurück.

„Das hat aber lange gedauert“, empfange ich meine Freundin.

„Ich sollte uns noch Brote für den Tag schmieren“, lachend hält sie eine große Tüte in die Höhe.

„Toll!“, jubele ich und frage mich, ob wir beim Frühstück eine Spur zu ausgehungert gewirkt haben.

„So, nun haben wir es“, freut sich unser Mechaniker und präsentiert das reparierte Rad.

Wir bedanken uns bei ihm, der Gastmama, winken der Familie glücklich zu und verschwinden mit unseren rollenden Gefährten wieder auf die finnischen Straßen.

Bei Sonnenschein, aber heftigem Gegenwind geht es heute recht mühsam voran. Die Steigungen, die wir zu bewältigen haben, sind zwar moderat, mit dem Widerstand von vorn jedoch nicht gerade einfach zu erklimmen. Kilometer für Kilometer kämpfen wir uns voran, bis wir uns auf einem Parkplatz mit Sitzbank eine Pause gönnen und den geschenkten Proviant verzehren. Ein Wohnmobil pausiert hier ebenfalls. Die Besitzer, ein Ehepaar aus

Frankreich, touren damit für drei Monate durch Europa, wie wir im Hand-und-Fuß-Gespräch inklusive einiger Brocken Französisch von der Frau erfahren. Das Paar ist von Marseille zum Nordkap gefahren, reist nun durch Finnland, will noch hinüber nach Russland, was sich aktuell aufgrund eines Visaproblems wohl schwierig gestaltet.

Wir wünschen ihnen alles Gute und radeln weiter, bis wir Kemijärvi, eine Kleinstadt am gleichnamigen See sowie am Fluss Kemijoki gelegen, erreichen. Sie ist die nördlichste Stadt Finnlands und ein wichtiges Industrie- und Fremdenverkehrszentrum und vor allem für die holzverarbeitende Industrie bekannt. Passend dazu findet hier die Internationale Holzschnitzwoche statt, an der sich in- und ausländische Holzschnitzer und -bildhauer beteiligen. Das Treffen ist vorbei, aber angeblich soll es möglich sein, die dabei entstandenen Werke den gesamten Sommer über im „Kunstzentrum Puustelli“ zu bewundern. Wir sind neugierig und fragen uns durch. Endlich ist es uns gelungen, bereits nachmittags an einem Ort mit Sehenswürdigkeiten anzukommen, und wir sind sicher, dass wir innerhalb der Öffnungszeiten am Ziel sein werden.

Fassungslos rütteln wir an einer verschlossenen Museumstür und studieren das Schild mit den Zeiten. Dann schauen wir zur Uhr. Komisch, wir sind pünktlich. Wir drehen eine Runde auf dem Gelände, kehren zurück und studieren den Aushang erneut. Erst dann entdecken wir die Angabe, dass die Ausstellung bis zum 31. Juli anzuschauen ist. Anzuschauen ist? Anzuschauen war! An den Fingern zählen wir ab, welches Datum wir haben, und stellen fest: Es ist der 1. August. Knapp daneben ist auch vorbei. Großartig! Da ist mal nicht die Uhrzeit unser härtester Gegner, sondern das Datum.

Wir haben es probiert, trösten wir uns und rollen zu einem Baumarkt, um endlich Mückenspray zu erwerben.

Die Auswahl ist riesig, eine ganze Abteilung ist dem Insektengift gewidmet. Manche Sprühdosen sind so groß wie ein Feuerlöscher und ich überlege, ob ich nicht gleich auf Vorrat kaufen sollte. Aber was würde Cornelia sagen, wenn ich mit einem solchen Ungetüm wieder hinauskäme? Korrekterweise müsste sie feststellen, dass wir dafür überhaupt keinen Platz haben, und ich würde daraufhin vorschlagen, mir das Ding auf den Rücken zu schnallen, was zugegebenermaßen albern aussähe. So entscheide ich mich für ein Produkt in akzeptabler Größe und bin gespannt, wie gut das Killerspray der Einheimischen ist. Reiseführer empfehlen, den Mückenschutz in Finnland zu kaufen, da die Produkte besser seien als das, was in Deutschland über die Ladentheke geht. Mal sehen …

Das Ortsbild von Kemijärvi ist in unseren Augen kaum sehenswert. Außerdem sorgen Baustellen für Lärm. Lediglich die Lage am Wasser und die Möglichkeit, ein Stück mit dem Rad direkt am Ufer entlangzufahren, sind einen kurzen Aufenthalt wert.

Nach knapp zwanzig Kilometern bei Gegenwind und leichten Steigungen machen wir Schluss für heute und suchen einen Platz im Wald. Über einen Wirtschaftsweg gelangen wir einige Meter weit hinein und schlagen das Lager auf einer sonnigen Lichtung auf. Das Mückenspray, mit dem wir uns großzügig einnebeln, ist wirklich gut und ermöglicht einen summ- und brummfreien Abend.

Glücklich, dass sich die Wetterprognose nicht bewahrheitet hat, krabbeln wir irgendwann in unsere Stoffhöhle, ziehen die Reißverschlüsse der Schlafsäcke auf, schieben unsere Körper hinein und mummeln uns bis zum Kinn ein. Der Film aus Schweiß, Sonnencreme und Mückenspray auf meiner Haut stört mich überhaupt nicht. Ich glaube, das liegt daran, weil sich alles nach Abenteuer anfühlt, nach Natur, nach einem Ausbruch aus der gewohnten Umgebung. Auch wenn unser Tagesgeschehen – genauso wie daheim – hier ebenfalls einem bestimmten Hergang folgt, so ist es doch aufregender, vermutlich deshalb, da dieses Leben nur für einen bestimmten Zeitraum gilt. Wer weiß, würden wir immer draußen schlafen und uns täglich an der frischen Luft aus eigener Kraft fortbewegen, vielleicht wäre dann das Abenteuer bald der Alltag …?

75 Kilometer

Der ukrainische Kindergeburtstag

2. August: Kemijärvi - Rovaniemi

Wir erwachen, weil jemand neugierig am Zelt schnüffelt. Es muss ein Rentier sein, wie wir am Klang der Schritte mutmaßen, die sich schneller, als wir nachschauen können, auch schon wieder entfernen.

Ganz in Ruhe genehmigen wir uns Kaffee und Ohrfeigen, nehmen die dunkle Wolke über uns nicht ernst. Erst als sie Tropfen hinabschickt, erkennen wir die Notwendigkeit, schnell abzubauen, springen auf und verstauen hektisch all unsere Habseligkeiten in den wasserdichten Taschen und Säcken.

Gegen halb zwölf Uhr ist es trocken. Da das die gängige Startzeit der beiden Nachteulen Cornelia und Mady ist, finden wir das Timing perfekt. Satte vierzig Kilometer ziehen wir ohne Pause durch und genehmigen uns auf einem Parkplatz eine Packung unserer Trekkingnahrung. Dabei handelt es sich um eine gefriergetrocknete Zweipersonenmahlzeit, die sich mit kochendem Wasser in ein vollwertiges Essen verwandeln lässt. Packmaß und Gewicht sind für Outdoor-Touren ausgelegt, die Nährstoffversorgung soll besonders ausgewogen sein. Für uns ist es eine willkommene Stärkung – sind wir doch heute zum ersten Mal genervt vom Verkehr. Deutlich merken wir, dass wir mit Rovaniemi eine Touristenhochburg ansteuern. Dort residiert er nämlich, der Weihnachtsmann, umgeben von seinen Wichteln. Santa Village hat sich zu einem Verkaufsdorf mit Postamt am Polarkreis entwickelt, während Santa Park ein Themenpark ist, den wohl jedes Kind einmal besuchen möchte. Der Weihnachtsmann lebt auf dem Korvatunturi, dem Ohrenberg, und Rovaniemi ist so etwas wie sein Zweitwohnsitz, an dem man ihn in seiner Sprechstunde konsultieren kann. Seit im Jahr 1927 ein Mitarbeiter des finnischen Rundfunks öffentlich verkündet hat, der Weihnachtsmann lebe hier in Lappland auf dem Ohrenberg und würde von dort aus die Wünsche der Kinder vernehmen, hat sich eine kommerzielle Entwicklung vollzogen, deren Ergebnis nun Reisende aus aller Welt anlockt. Auch wenn wir uns normalerweise von derartig künstlichen Welten fernhalten, soll es eine Ausnahme geben. Warum? Ich habe am folgenden Tag Geburtstag und möchte diesen Hochsommertag gern mit dem denjenigen verbringen, dessen Hauptarbeitszeit im Winter ist. Wer weiß, vielleicht will der bärtige Mann auch mit mir anstoßen? Irgendwo habe ich gehört, finnische Weihnachtsmänner würden gern einmal einen über den Durst trinken und müssten deshalb des Öfteren ausgetauscht werden, weil sich eine Alkoholfahne bei den Kindern nicht sonderlich schickt. Mich würde dies an meinem Geburtstag wohl kaum stören und eher dazu animieren, dem berühmtesten Mann der Welt zuzuprosten.

Bis es dazu kommen kann, müssen wir den Weg dorthin aber erst einmal überleben. Für finnische Verhältnisse ist hier auf der Straße 82 unglaublich viel los. PKW, Lastkraftwagen, Wohnmobile – sie alle rauschen an uns vorbei, teils sind die Überholungen so eng, dass wir uns bald ganz weit rechts halten und auf dem schmalen Abschnitt zwischen Seitenstreifen sowie Rasenkante nur mit höchster Konzentration unversehrt vorankommen. Die Lautstärke, das ewige „Wumm, Wumm" der vorbeifahrenden Fahrzeuge macht mich ganz weich im Kopf und raubt mir den letzten Nerv. Zwanzig Kilometer vor Rovaniemi entdecken wir auf der gegenüberliegenden Straßenseite eine Einfahrt zu einem Rastplatz. Wir muten uns die Überquerung der Straße zu und freuen uns auf eine Pause im Trockenen. „Olkkajärvi" ist sogleich Name des Sees, den wir vorfinden, wie auch die Bezeichnung des unmittelbar angrenzenden Rastplatzes. Eine überdachte Feuerstelle, eine Aufenthaltshütte, ein Plumpsklo und die Möglichkeit, hier zu übernachten – motorisiert auf dem Parkplatz oder mit dem Zelt auf einer der Rasenflächen – laden zum Pausieren ein. Die Häuschen erinnern in ihrer Form an Tipis. Schade, dass wir nicht bleiben können, weil wir noch so weit vom Weihnachtsmann weg sind, bei dem wir unbedingt pünktlich zu meinem Geburtstag ankommen wollen. Wir werfen einen Blick in eine Hütte, aus deren Schornstein Rauch steigt. Ein beleibter Mann mit Rauschebart legt darin fleißig Holz auf ein Feuer auf. Ist er es etwa schon? Der Weihnachtsmann? Der Typ besitzt eine unglaublich große Ähnlichkeit mit dem weltberühmten Kerl im roten Mantel. Wir treten ein und fragen, wo er zu Hause ist.

„In Rovaniemi", antwortet dieser, legt noch ein paar Scheite in die Flammen und verschwindet.

Ich stecke den Kopf hinaus, schaue zum Himmel, kann aber keinen fliegenden Rentierschlitten ausmachen. War wohl doch falscher Alarm. Was ich hingegen sehen kann, sind dunkle Wolken und dicke Tropfen, die sich auf den Weg Richtung Erde machen. Es dauert nicht lange, bis es bald sehr heftig regnet. Wie gut, trocken und warm ausharren zu können.

Wir sitzen keine fünf Minuten am Feuer, da rollen drei PKW, jeweils bis auf den letzten Platz besetzt, vor.

Eine Gruppe von Menschen – Kinder und Erwachsene – kommen, schwer beladen mit Nahrungsmitteln, zu uns in die Hütte gestürmt und breiten eine riesige Torte mit dicker blauer Zuckerglasur, Fleischspieße, Brot und Salate aus. Eine Frau in unserem Alter drapiert Gummibärchen und Schokoladentäfelchen auf einer kitschigen Plastiktuchdecke, die sie zuvor ausgelegt hat. Ein grimmig dreinschauender Typ mit Kinderfrisur beugt sich über das Feuer und wirft Unmengen Holz darauf.

„So kann man das doch nicht machen", brummelt Cornelia, die von uns beiden die Feuerfachfrau ist. „Er erstickt noch die Flammen, wenn er so weitermacht."

Wir lauschen der Sprache, in der die Menschen miteinander kommunizieren, und tippen auf irgendetwas Osteuropäisches. Dann nimmt die Gummibärchen-Frau von uns Notiz und spricht uns auf Englisch an. Wo wir herkämen, möchte sie als erstes wissen. Als wir ihr „Germany" antworten, schwärmt sie gleich: „Euer Land ist schön, ich habe eine Zeitlang als Au-pair-Mädchen in der Nähe von Reutlingen gearbeitet."

Da sie jedoch kaum noch Deutsch beherrscht, führen wir unseren Schwatz auf Englisch fort und möchten wissen, woher sie und all die anderen sind.

„Wir sind Ukrainer und im Jahr 2011 nach Finnland ausgewandert. Mein erster Sohn", deutet sie auf eines der Kinder, „ist noch in unserer alten Heimat geboren. Kurz nach der Einreise wurde ich zum zweiten Mal schwanger", sie zeigt auf einen kleineren Jungen. „Wir feiern heute seinen Geburtstag", fügt sie an.

Das erklärt die kunterbunte Torte und ich frage mich, ob Cornelia irgendwo in ihrem Gepäck eine ebenso große Süßigkeit für meinen Geburtstag versteckt hält.

Dann deutet unsere Gesprächspartnerin auf eine ältere Frau in der Runde. „Sie ist meine Mutter, sie kam mit uns nach Finnland. Den Rest der Familie sehe ich nicht sehr häufig. Bisher waren wir zwei oder drei Mal zu Besuch in der Ukraine."

Ein weiterer Mann gesellt sich zu uns und stellt sich als Ehepartner vor. „Ich bin Australier", nuschelt er im Slang gesprochenen Englisch.

„Wie habt ihr euch kennengelernt?", wollen wir wissen.

„Ich war seine Russischlehrerin", erklärt uns die Frau.

„Ja, so sind wir zusammengekommen. Ich habe versucht, die Sprache zu lernen, und dabei hat es gefunkt", bestätigt der Gatte.

„Unsere Kinder sprechen Russisch, Englisch und Finnisch, ganz im Gegensatz zu mir", fährt die Frau fort, „Ich war ja schwanger, kümmerte mich dann ums Baby und den Großen und habe es noch nicht geschafft, wirklich konsequent Sprachkurse zu besuchen. Einer Arbeit gehe ich bislang auch nicht nach, sodass ich kaum gezwungen bin, Finnisch zu lernen." Sie wirkt, als würde ihr das wenig ausmachen. Dann schaut sie hinaus zu unseren Fahrrädern: „Ihr Deutschen seid ganz schön verrückt", lacht sie. „Meine Gasteltern in Reutlingen waren ähnlich, überall sind sie mit den Rädern hingefahren, kilometerweit." Sie kann kaum fassen, welche Gesamtdistanz wir insgesamt planen zurückzulegen. Es scheint ihr eine unvorstellbare Leistung zu sein, mehr als eineinhalbtausend Kilometer aus eigener Kraft zu fahren.

„... und das bei dem Wetter", setzt ihr Mann hinzu und wischt mit dem Zeigefinger über sein Smartphone. „Heute soll es weiter heftig regnen und sogar noch ein Gewitter geben", kündigt er an.

„Na dann schnell weiter", beschließen wir und erheben uns.

„Wartet!", sagt der Australier und holt eine Visitenkarte aus seinem Portemonnaie. „Hier, solltet ihr in Rovaniemi Ärger bekommen, ruft mich an."

Ich werfe einen Blick auf das Papier. Er arbeitet in der Vertragsverwaltung einer namhaften Firma, die Baumaschinen herstellt.

Wir bedanken uns und ich frage mich leicht verunsichert, in was für Ärger wir am Wohnsitz des Weihnachtsmannes schon geraten könnten. Hoffentlich bekomme ich darauf keine Antwort.

Nach fast zweistündiger Pause machen wir uns bei leichtem Regen auf den Weg, winken noch einmal und dann hat uns die Straße wieder. Die Verkehrssituation ist leider noch immer die gleiche. Das Wetter wird bald wieder regnerischer. Kilometer für Kilometer geht es mühsam weiter an Rovaniemi heran, bis es plötzlich aufhört zu regnen und sich die Sonne zwischen den Wolken hervorschiebt.

„Bleib mal stehen“, fordert Cornelia mich an einem Parkplatz auf.

Staunend schweifen unsere Blicke in die Ferne. Ein riesiger Regenbogen überspannt die Landschaft und leuchtet in kräftigen Farben.

Genau 18.00 Uhr Ortszeit erreichen wir an diesem 2. August den Polarkreis. Die Sonne spiegelt sich in den Pfützen, so sehr, dass es uns blendet. Von der Bundestraße aus betrachtet, kündigt eine zirkelförmige Konstruktion den Beginn dieses weltberühmten Ortes an, dann führt der Weg über eine Linksabbiegerspur in das Areal von Santa Claus und seinen Wichteln. Erst später werden wir über den Strich mit dem Schriftzug „Polarkreis“ tanzen, der dort für die Touristen aufgemalt worden ist. Geografisch betrachtet, befindet sich der Polarkreis aber gar nicht genau da, wo man ihn hingezeichnet hat, denn er ist nicht starr, sondern bewegt sich innerhalb einer bestimmten Zone. Wir jedenfalls sind stolz, mit unseren Rädern hier angekommen zu sein. Auch wenn der Polarkreis nur eine Linie aus der Feder von Geografen ist, fühlt es sich irgendwie feierlich an, an diesem Punkt einzutreffen.

Der Weg hinein in die Hauptstadt des nordfinnischen Lapplands gestaltet sich aufgrund des Verkehrs und der Straßenführung noch einmal unglaublich anstrengend. Der Australier hatte uns die Lage eines Campingplatzes beschrieben, weshalb wir nicht dem Radweg, sondern den Straßen folgen, da wir glauben, unser Ziel so besser ausmachen zu können. In Wirklichkeit aber zieht sich die Strecke wie ein Kaugummi. Zur Motivation stoppen wir an einem Supermarkt und kaufen zwei Dosen Bier – eine persönliche Polarkreisbelohnung, die wir uns später am Zelt gönnen wollen. „Lapin Kulta“ hat sich als Marktführer etabliert und bedeutet übersetzt so viel wie „Lappländisches Goldstück“.

Bis wir dieses „Goldstück“ genießen dürfen, müssen wir aber selbst erst einmal eines auf den Tresen packen. Unfassbar! Wir haben endlich einen Campingplatz gefunden, da verschlägt es uns an der Rezeption doch glatt die Sprache. Die kassieren hier allen Ernstes zweiunddreißig Euro pro Nacht – für ein Zweipersonenzelt inklusive Füllung! Eine Stunde Sauna schlägt mit zwölf Euro extra pro Mietereinheit und Stunde zu Buche. Von wegen „Die Sauna ist die Apotheke des armen Mannes“, wie es in Finnland so schön heißt. Missmutig schiebe ich der Mitarbeiterin meine Kreditkarte hin.

„Wir bleiben dann wohl nur eine statt zwei Nächten“, brummelt Cornelia.

Ich nicke und setze meinen Kringel auf das Anmeldeformular.

Bei trockenem Wetter bauen wir unser Lager direkt am Fluss Kemijoki auf. Wenigstens ist es hier schön, trösten wir uns mit Blick auf die modern anmutende Brücke, die das Gewässer überspannt. Auf der gegenüberliegenden Uferseite reihen sich die mehrgeschossigen Häuser der Stadt aneinander.

Nach getaner Arbeit genießen wir eine lange heiße Dusche, die so wohltuend ist, dass wir die hohen Übernachtungskosten vergessen.

Unser Abendessen nehmen wir, inklusive Bier, auf einer Holzbank am Fluss ein. Weil uns aber bald kalt wird, verschwinden wir ins Zelt, in dessen Vorbereich ich noch heißes Wasser für Tee zubereite. In der Nähe sitzen zwei junge Männer auf Campingstühlen und trinken ebenfalls Lapin Kulta. Obwohl die Typen nicht sonderlich warm angezogen sind, scheinen sie überhaupt nicht zu frieren. Während wir in dicke Pullover gehüllt, den Schlafsack bis zum Oberkörper hochgezogen und die Hände fest um unsere Thermobecher geschlungen, im Zelt hocken, genießen sie den Abend ganz entspannt outdoor. Uns erscheint die Temperatur heute frostiger als noch vor einigen Tagen weiter nördlich.

Wir nehmen den letzten Schluck Tee, stellen die Tassen ins Vorzelt und drehen uns auf die jeweilige Schlafseite. Ich nicke sanft ein, bis ich nur kurze Zeit später von einem tiefen Brummen geweckt werde. „Das gibt es doch nicht!", schimpfe ich vor mich hin – ohne die Ohrenstöpsel herauszuziehen. „Wir stehen neben einem Schnarcher!" Wütend werfe ich mich auf die andere Seite und zetere weiter: „In der Wildnis hätte es das nicht gegeben und hierfür haben wir auch noch zweiunddreißig Euro geblecht. So etwas kann ich leiden …" Ich drücke die Stöpsel so tief in den Gehörgang, dass es wehtut. Es ist stiller. Nach einigen Minuten, in denen mich ein Anflug von Schlaf überkommt, werde ich erneut von der nervtötenden Säge neben uns geweckt. „Wer ist das nur? Hast du eine Idee?", will ich von Cornelia wissen. Ihre Antwort dringt dumpf, wie durch Watte, in meine Ohren und hört sich an wie: „Keine Ahnung, ich habe schon geschlafen und es gar nicht vernommen."

„Ts, das ist ja mal wieder typisch für dich!“, meckere ich weiter. „Da fällt jemand einen ganzen Wald und du bekommst nichts davon mit. Deinen Schlaf möchte ich haben“, fahre ich fort.

„Das möchte ich auch“, brummt Cornelia, die damit wahrscheinlich zum Ausdruck bringen will, dass dann auch sie ihre Ruhe hätte. Vor mir …

Missmutig ziehe ich mir den Schlafsack über den Kopf und versuche mich zu beruhigen. Eine Viertelstunde später bin ich kurz davor, vor Wut zu platzen, und setze mich auf. „Ich gehe gleich raus und rüttele an allen Zelten, die sich in einem Umkreis von zehn Metern um uns herum befinden!“, kündige ich entschlossen an. Cornelia erschreckt und erwidert mit schwacher Stimme: „Du hast mich schon wieder geweckt. Was meinst du denn nur? Ich höre nichts“, beteuert sie.

Daraufhin fingere ich mir den Schaumstoff aus den Ohren und lausche, Cornelia macht mit. Mit den Stöpseln im Gehörgang, erscheinen mir Geräusche manchmal verzerrt und ich kann Lärmquellen nicht exakt zuordnen. Momentan jedoch ist wirklich nichts zu hören und es ist ganz ruhig.

„Offensichtlich ist es vorbei“, freut sich Cornelia und schläft sogleich weiter.

Ich traue dem Frieden irgendwie nicht so recht und warte noch ein bisschen. Wenige Sekunden, nachdem Cornelia weggenickt ist, beginnt das grausame Konzert von neuem. Ich fasse es nicht! Es ist doch tatsächlich meine Freundin, die hier die ganze Zeit solchen Lärm veranstaltet. Darauf wäre ich nie gekommen, da Cornelia normalerweise ganz leise atmend schläft. Glücklich darüber, dass ich nun etwas dagegen tun kann, ohne fremde Menschen zu belästigen und mir draußen die Zehen abzufrieren, tippe ich Cornelia an.

„Du schnarchst!“, kläre ich sie freundlich über den vorliegenden Sachverhalt auf.

Daraufhin verändert sie ihre Position und dämmert erneut weg. Endlich ist es still und auch ich finde zu meiner wohlverdienten Nachtruhe. Ich brauche meinen Schönheitsschlaf, heute ganz besonders, werde ich doch morgen ein Jahr älter …

Vermutlich atmen jetzt alle anderen um uns herum ebenfalls erleichtert auf, da nun auch sie ihre Ruhe vor meinem Gemecker und Cornelias Gebrumme haben.

20 Kilometer

Geburtstag mit Überraschungsgast

3. August: Rovaniemi

Am Morgen gratuliert mir Cornelia zum Geburtstag, verfällt dann aber gleich in einen Lachanfall, als ihr allmählich dämmert, was sich hier gestern Abend zugetragen hat.

„Das war wirklich ich?“, prustet sie.

Ich nicke. „Ganz eindeutig.“

„Lustig, da flippst du aus, beschuldigst andere Camper zu Unrecht, um dann festzustellen, dass deine Bettnachbarin den Lärm verursacht hat“, hält sie sich den Bauch.

Ich kann nicht anders und stimme in ihr Gelächter ein. Ja, so lustig könnte gern jeder Geburtstag beginnen …

Der Blick nach draußen lässt noch keine klare Wetterprognose zu. Es ist trocken, aber der Himmel wirkt ziemlich verwaschen, sodass wir beschließen, uns erst einmal in Ruhe frisch zu machen. Das Zelt ist nass – von der morgendlichen Feuchtigkeit oder von einem nächtlichen Regen, so genau wissen wir es nicht.

Für Camper existiert ein überdachter, aber offener Bereich mit Kochplatten und Waschbecken. Wir lassen uns dort nieder und Cornelia zaubert zwei Schokoladenbrownies hervor, zündet Streichhölzer an und steckt sie in die weiche Masse. Dann fordert sie mich auf, diese auszupusten und mir etwas zu wünschen. Das hier ist viel besser als die blaue Kindertorte der Ukrainer, freue ich mich über die Überraschung und beiße genussvoll in das Gebäck.

Dann beginnt es doch noch zu regnen, weshalb wir den gesamten Vormittag bei viel Kaffee verplaudern, bis es um 13.00 Uhr endlich wieder trocken ist und wir das Zelt abbauen können – klitschnass natürlich. Aber das soll uns ausnahmsweise mal nicht stören, denn bereits gestern Abend haben wir einen Entschluss gefasst: Wir werden zum tollen Rastplatz, rund zwanzig Kilometer vor der Stadt, zurückkehren, um dort am See und bei wärmendem Feuer meinen Geburtstag zu feiern. Solch eine gemütliche Aussicht und die Preiseinsparung von einhundert Prozent gegenüber dem Campingplatz lassen uns einen Rückweg dieser Distanz überstehen. Das Zelt werden wir also später am Feuer trocknen.

Zunächst steuern wir einen Supermarkt sowie ein Alko-Geschäft an. Ich kaufe neben lebensnotwendigen Dingen wie Brot, Käse und Gemüse auch Marshmallows, Schokolade und eine Flasche Rotwein ein. Cornelia ist eingeladen!

Von dort aus geht es zum „Arktikum", in ein preisgekröntes Museum, das umfassend über den Lebensraum nördlich des Polarkreises informiert. Da es schon wieder in Strömen gießt, verbringen wir viel Zeit an diesem sehenswerten Ort. Wir sind beide nicht die geduldigsten Museumsgängerinnen, aber das hier fasziniert selbst uns, stundenlang. Es ist mit Liebe und Kreativität und sehr detailreich angelegt und lädt an vielen Stellen zum Ausprobieren ein. In einem Raum, der wie ein Restaurant hergerichtet ist, können wir Geruchsproben nehmen, in einem anderen Bereich erleben wir die Faszination von

Polarlichtern. Auf dem Rücken liegend, schauen wir dort an die Decke und beobachten Filmaufnahmen des Spektakels, das uns während unserer Zeit hier leider nicht in der Realität begegnen wird. Insgesamt erleben wir im Arktikum eine lebendige Reise durch Zeit- und (Kultur-) Landschaft und beschließen, lieber länger hier zu bleiben, als heute noch zum Weihnachtsmann zu hetzen.

Gegen 17.00 Uhr brechen wir auf – der Weg zurück lässt sich viel besser als die Herfahrt bewältigen – so sehen wir uns schon am gemütlichen Feuer sitzen und können es kaum erwarten, die Rotweinflasche zu köpfen und die Marshmallows in den Flammen zu bräunen.

Cornelia kümmert sich sogleich ums Feuer. Als die Flammen lodern, breiten wir das Zelt daneben aus, wenden den Stoff regelmäßig und bauen dann auf – bei trockenem Wetter, mit Blick auf den See. Dann beginnen wir damit, unser Festtagsbuffet auf der Bank am Feuer aufzureihen. Gestern der ukrainische Kindergeburtstag, heute die Feier einer 31-jährigen Deutschen – dieser Ort versprüht offensichtlich eine angemessene Partyatmosphäre. Unser Brot rösten wir auf einem Grillrost über dem Feuer und legen dann Käse darauf, der in der Wärme schmilzt.

Gerade, als wir die ersten schneeweißen Süßigkeiten in die Flammen halten, betritt eine sympathische Frau unsere Feierlokalität. Sie stellt sich als Frieda aus der Schweiz vor. Da wir sie auf den ersten Blick nett finden, lade ich sie kurzerhand zu unserer kleinen Fete ein.

Frieda arbeitet seit zwanzig Jahren als Bürokraft in einer Firma in der Zentralschweiz. Zurzeit genießt sie eine dreimonatige Auszeit vom Job, allein mit dem Wohnmobil – allerdings nicht von Anfang an. Gestartet ist sie mit einer Kollegin, mit der sie bereits am Nordkap war. Das rollende Zuhause besitzt sie noch nicht so lange, hatte aber zuvor einige Testfahrten in der Schweiz damit unternommen. Eigentlich war geplant, dass ihre Mutter sie begleitet, diese aber hat sich vor der Abreise eine Verletzung zugezogen, was dazu führte, dass Frieda während der Tour nun auf sich gestellt ist. „Meine Arbeitskollegin musste wieder zurück nach Hause und seit einiger Zeit fahre ich nun schon allein durch die Gegend", erklärt Frieda. „Anfangs war das kaum zu ertragen, vor allem, wenn ich bei Regen ganz vereinsamt auf einem Parkplatz übernachtete. Mittlerweile aber genieße ich die Zeit mit mir, lerne immer wieder Leute kennen." Auch für unseren Abend ist Frieda eine angenehme Bereicherung.

Ich finde es schön, auf Reisen Geburtstag zu feiern. Aufgrund der terminlichen Lage, mitten im Hochsommer, habe ich viele meiner Ehrentage außerhalb heimischer Gefilde verbracht. Das Spannende darin ist, dass ich vorher nie weiß, wer meine Gäste sind. Auf Island versackte ich zusammen mit einem Typen, der aussah wie ein verlebter Wikinger, bei Rotwein und Lammfleisch. Zu diesem Zeitpunkt war ich noch eine Halb-Vegetarierin, was sich danach prompt änderte. In Kanada, während meines Auslandssemesters, feierte ich mit Chinesen, Indern, Einheimischen, anderen deutschen Studenten und Koreanern auf der Terrasse meines WG-Zimmers, als Kind spielte ich in den Häfen Brandenburgs und Umgebung. Meine Eltern besaßen ein kleines Segelboot, mit dem wir – immer um den dritten August herum – auf Müritz, Havel und Co schipperten.

Wir grillen Maiskolben, schieben Schokolade auf heiße karamellisierte Marshmallows und sehen aus der Hütte hinaus auf den See, dessen Ufer von Nadelwäldern gesäumt wird, deren Grüntöne in den verschiedensten Ausprägungen leuchten. Selbst die Sonne lässt sich heute doch noch sehen und sorgt für einen blauen Anstrich auf der Wasseroberfläche. Na bitte, geht doch! Das ist das Wetter, an das ich normalerweise vom dritten August gewöhnt bin!

Glücklich!

55 Kilometer

Interview mit dem Weihnachtsmann

4. August: Vom Weihnachtsmann bis hinter Rovaniemi

Heute putze ich mir die Zähne besonders gründlich, geht es doch bald zum Weihnachtsmann. Ich möchte den Kindern, die vermutlich mit mir in der Schlange warten werden, ein gutes Vorbild sein. Cornelia gesellt sich mit ihrer Zahnbürste zu mir.

„Was meinst du, wollen wir reingehen?", deute ich auf den See, dessen Oberfläche der Wind in eine unebene Landschaft aus Wellen und kleinen weißen Schaumkronen verwandelt hat.

„Wieso?", will Cornelia fassungslos wissen.

„Um uns anständig frisch zu machen oder möchtest du dem Weihnachtsmann unangenehm auffallen?", hake ich streng nach.

„Nee, aber ich finde nicht, dass das nötig ist", ist sie sich sicher.

Bestimmt hat meine Freundin recht, denn wir sorgen mit verschiedenen Maßnahmen für guten Körperduft. So tragen wir tagsüber und nachts Kleidung aus Merinowolle, die auch nach mehreren Wochen nicht muffig riecht. Die Oberteile, Socken und Unterwäsche von „Icebreaker" sind zwar verhältnismäßig teuer, aber die Anschaffung lohnt sich. Außerdem nutzen wir ein Spezialdeo namens „Yerka" aus der Apotheke – eine Flüssigkeit, die alle paar Tage per Wattepad aufgetragen wird. Unsere Anwesenheit ist also auch noch erträglich, selbst wenn wir mal nicht zum Duschen kommen. Dennoch verspüre ich heute das dringende Bedürfnis, Wasser an meinen Körper zu lassen – selbst wenn es kaltes ist. Normalerweise ist Cornelia die abgebrühtere von uns beiden und ich bin die Kaltwasser-Memme, nur heute, da ist es umgekehrt.

Zügigen Schrittes gehe ich in den See, Cornelia drückt sich zögerlich am Ufer herum. Ohne lange nachzudenken, lasse ich mich ins Wasser plumpsen und unternehme zwei, drei Schwimmzüge, Cornelia folgt, mosert aber ungewöhnlich viel herum.

„Bei dem Wind baden zu gehen, du bist doch irre", zeigt sie mir einen Vogel.

„Später wirst du mir dankbar sein", antworte ich großspurig.

Nach wenigen Minuten gehen wir hinaus und schätzen die Wassertemperatur. „Irgendetwas um die fünfzehn Grad Celsius, mehr nicht", hält Cornelia fest.

Der fiese Wind empfängt unsere bibbernden Körper. Schnell wickeln wir uns die Mikrofaserhandtücher um die Schultern und treten im flinken Wechsel von einem Fuß auf den anderen, um uns warm zu tänzeln. Dann rollt ein riesiger Reisebus heran und spuckt eine Gruppe Asiaten aus. Mit ihren Digitalkameras und Smartphones bewaffnet, stürzen sie sich auf alles, was sich damit ablichten lässt: Den See, die Hütten, uns. Uns? Tatsächlich, einige von ihnen haben uns entdeckt und schauen neugierig. Eine Frau grüßt freundlich, ein Mann winkt, nähert sich dabei. Mit leicht eingefrorenem Grinsen erwidern wir die Geste knapp nickend.

„Schnell weg, ins Zelt!", raune ich meiner Freundin zu.

Cornelia, die wie immer vor mir fertig ist, zieht den Reißverschluss des Zeltes auf. „Ich gehe schon einmal zur Hütte, mache ein Feuer, damit wir es beim Frühstücken schön warm haben."

„Super!", brumme ich durch meinen Fleecepullover, unter dem mein Kopf steckt.

„Can we take a picture? Dürfen wir ein Foto machen?", ist das Nächste, was ich dann vernehme. Ich halte die Luft an, presse mir die Hände fest vor den Mund und verharre bewegungslos.

„Äh, yes, why not …“, vernehme ich die vertraute Stimme meiner Freundin.

Dann klickt und piepst es mehrmals. Ich bin kurz vor dem Platzen, mein Kopf ist knallrot angelaufen und mein Körper bebt heftig und stumm. Ich vernehme, wie sich Schritte entfernen und ein „Thank you vely much“ ertönt. Dann öffnet sich das Zelt und Cornelia steckt den Kopf hinein. „Da hast du aber Schwein gehabt, dass du immer so langsam bist!“, lacht sie schief. Jetzt kann ich wirklich nicht mehr an mich halten und pruste lauthals los. Als ich endlich wieder Luft bekomme, erwidere ich: „Nun wirst du zum Fotostar, in Japan, Korea, China oder sonst wo!“, und füge an, „Die denken wahrscheinlich, wir zwei Blondinen sind echte Finninnen und leben hier im Wald!“ Ich weiß jetzt schon, dass ich Cornelia, die sich ungern fotografieren lässt, noch tagelang damit aufziehen werde.

Der Bus braust davon, wir können in Ruhe am Feuer frühstücken und gestärkt starten, was wir gegen halb zwölf Uhr auch tun.

Im Weihnachtsmanndorf angekommen, steuern wir zielstrebig auf das Büro von Santa Claus zu. Dieses befindet sich in einem Holzhaus mit einem spitzen Dach und der Aufschrift „Santa is here“. Nicht zu übersehen also. Am Eingang lege ich meinen Presseausweis vor, fülle ein Formular aus und bekomme dann zwei riesige dickgefütterte rote Westen über den Tresen gereicht. Vorn und hinten prangt der Schriftzug „OFFICIAL PRESS, SANTA CLAUS OFFICE“.

„Cool!“, freuen wir uns schlüpfen in die warmen Kleidungsstücke.

„Wenn Sie damit am Einlass ankommen, weiß unsere Mitarbeiterin, dass Sie zur Presse gehören, und räumt Ihnen fünf Minuten Zeit für ein Interview ein“, erklärt die Dame am Empfangstresen. Nie zuvor habe ich meinen

Presseausweis als derartig wertvoll empfunden. Wer hätte gedacht, dass er mir ein Gespräch mit dem echten Weihnachtsmann ermöglichen wird?

Die Mitarbeiterin bittet mich noch um eine Visitenkarte, beschreibt aber schon einmal den Weg: „Durch diese Tür, die Treppe hoch und dann sehen Sie es bereits."

Wir nicken, ich ziehe mein Portemonnaie hervor und suche nach dem Kärtchen. Dann plötzlich hören wir lautes Geschnatter, das sich bedrohlich schnell nähert. Wir drehen uns um und … kaum zu fassen! Direkt hinter uns baut sich die asiatische Reisegruppe von heute Morgen auf. Die Mitarbeiterin vor unserer Nase nickt dem Reiseführer zu und winkt die Truppe durch. Das ist nicht ihr Ernst! Mit erstarrten Gesichtszügen schiebe ich ihr meine Visitenkarte hin und frage mich stumm, wie viel länger wir nun auf das Meeting mit Santa warten müssen.

Mit der Videoausrüstung in den Händen machen wir uns auf den Weg in die obere Etage und fügen uns brav in die Reihe der Wartenden ein. Eine der Asiatinnen dreht sich

Official Press! :-)

um. Cornelia raunt mir zu: „Das ist die, die sich mit mir hat fotografieren lassen!"

„Ah, hello again", flötet Cornelia und lächelt dabei etwas gequält.

„Oh, ihr gehört zur Presse!", stellt die Touristin mit Blick auf unsere Westen erstaunt fest.

„Ja, wir reisen per Fahrrad durchs Land und Mady schreibt ein Buch darüber", erklärt ihr Cornelia.

Interessiert nickt sie, klingt aber etwas enttäuscht, als sie fragt: „Ihr seid also keine Finninnen?"

„Nein, wir kommen aus Deutschland", erwidert Cornelia.

In Gedanken füge ich hinzu: „… und wohnen auch nicht im Wald!"

Immer wieder öffnet der Security-Wichtel die Tür, lotst einen Gast nach dem anderen hinein und minimiert somit die Schlange. Tatsächlich, selbst die Türsteher sind hier in Weihnachtslaune. Die Berufskleidung folgt konsequent einem Rotschema und krönt alle Angestellten mit einer spitzen Mütze. Es geht schneller voran, als wir vermutet haben. Nach etwa einer knappen halben Stunde sind wir ganz vorn und machen die Spiegelreflexkamera, das Mikrofon und die GoPro – unsere Actioncam – startklar. Cornelia schiebt sich das Gummiband selbiger über den Kopf, ich zücke Notizblock und Stift, aktiviere das Mikro.

„Ihr habt fünf Minuten", brieft uns der Wichtel und stößt die Tür auf.

Wir finden uns in einem wohltemperierten Raum wieder, der mit bunten Päckchen, einer Truhe aus Holz, roten Vorhängen, einer Kamin-Attrappe und anderen weihnachtlichen Dekorationselementen ausgestaltet ist. Und inmitten dieser Dezemberwelt ist er, wahrhaftig: Santa Claus höchstpersönlich. Auf einem gemütlichen Stuhl mit

Armlehnen wartet der Weihnachtsmann auf seine Besucher, für die sich direkt neben ihm eine Holzbank befindet. Zielstrebig nehme ich Kurs darauf, begrüße den Bärtigen. Kaum habe ich Platz genommen, legt er seinen Arm mit wirklich großer Hand liebevoll um meine Schultern und dann beginnen wir unser Gespräch:

Santa: „*Guten Tag, wie geht's?*"

Ich: „*Danke, gut. Du sprichst Deutsch?*"

Santa: „*Nur ein bisschen.*" Er hält Daumen und Zeigefinger in knappem Abstand übereinander. „*Lass uns lieber weiter auf Englisch reden*", fügt er an.

Ich: „*Okay!*" Ich rutsche ein Stück näher an ihn heran. Eine Alkoholfahne hat er nicht. Entweder man hat ihn rechtzeitig ausgetauscht und es ist ein frischer Weihnachtsmann oder die Trunksucht ist doch ein Gerücht. Letzteres zu glauben, gefällt mir besser. Santas Augen schauen mich freundlich an, der Bart wirkt äußerst gepflegt und fällt in kleinen weißen Locken bis weit über den Bauch. Seine riesige Hose umhüllt die Beine und endet an wuchtigen, klobigen Tretern, die eher an Hausschuhe als an Winterstiefel erinnern. Neben ihm muss ich mit meiner engen Radlerhose und den nackten Beinen in dünnen Turnschuhen wie ein Hungerhaken mit Mikrofon aussehen.

Santa: „*Du kommst aus Deutschland?*", weiß er entweder, weil er der Weihnachtsmann ist oder es ihm geflüstert wurde, bevor wir den Raum betraten.

Ich: „*Ja.*"

Santa: „*Aus welchem Teil des Landes?*"

Ich: „*Aus Magdeburg.*"

Santa: „*Ah, Magdeburg.*"

Ich: „*Du kennst Magdeburg?*"

Santa: „*Klar, ich bin der Weihnachtsmann und kenne jeden Ort auf der Welt.*"

Ich: „*Weißt du auch, dass ich gestern Geburtstag hatte?*“

Santa: „*Oh, happy birthday!*“, umhüllt mich seine tiefe, angenehm klingende Stimme liebevoll mit Glückwünschen.

Ich: „*Danke.*“

Santa: „*Dein 19. Geburtstag?*“, *schmeichelt er sich charmant ein.*

Ich: „*Fast! 31*“, antworte ich.

Santa: „*Da ist ja kaum zu glauben!*“, fährt er fort.

Ich: „*Danke, danke*“, nehme ich das Kompliment an. Dann stelle ich ihm meine erste vorab notierte Interviewfrage: „*Ich bin Autorin und mag Geschichten. Kannst du mir eine besonders schöne erzählen, bitte?*“

Santa: „*Mein Job selbst ist eine schöne Geschichte. Ich darf hier täglich mit so vielen Menschen aus aller Welt plaudern. Allein gestern waren es Besucher aus vierzig verschiedenen Nationen, die ihren Weg zu mir fanden und mich sprechen wollten. Das liebe ich … Sie alle teilen mir ihre Wünsche mit. Weißt du, was sich die Leute am häufigsten erhoffen?*“, will er von mir wissen.

Ich: „*Schnee?*“

Santa: „*Gesundheit.*“

Ich: „*Okay, die ist wichtiger als Schnee*“, räume ich ein.

Santa: „*… dann folgen Glück und Weltfrieden.*“

Ich nicke.

Santa: „*… und dann das neue Auto, eine glückliche Partnerschaft und kleine Ponys.*“

Ich erzähle ihm von unserer Radtour und deute in Cornelias Richtung. Sie steht in unmittelbarer Nähe, die Kamera auf uns gerichtet. Auf ihrem Kopf blinkt das rote Aufnahmelicht der GoPro. Santa, der das bemerkt, will wissen: „*Was ist das? Ist sie ein Roboter?*“

Cornelia tut mir leid, ich muss lachen, sie darf es nicht,

weil sonst das Bild verwackeln würde. Wie selbstverständlich erwidere ich trocken: *„Ja, sie ist meine Roboterfreundin."* Nun verfällt sogar der Weihnachtsmann in Gelächter.

Santa: *„Wenn ihr mit dem Fahrrad unterwegs seid und im Wald zeltet, habt ihr dann vielleicht Rudolph gesehen?"*, will er grinsend wissen.

Ich: *„Klar!"*, schwindele ich.

Santa: *„Ernsthaft?"*, erstaunt mustert er mich und bohrt prüfend nach: *„Wo?"*

Schnell durchkämme ich mein Gedächtnis nach einem Ort in der Nähe und erwidere: *„In einem Wald bei Kemijärvi."*

Santa: *„Nicht zu fassen!"*

Weil ich den Weihnachtsmann nicht länger anschwindeln möchte, wechsele ich kurzerhand das Thema. *„Kannst du mir bitte ein finnisches Lied beibringen?"*

Santa: *„Klar!"*

Den Weihnachtsmann scheint aber auch nichts zu schokken, noch ahnt er nicht, wie maximal unbegabt ich beim

Der echte Weihnachtsmann und ich (v. l. n. r.)

Singen bin. Ich sehe, wie Cornelia die Augen verdreht. Dann winkt Santa zwei seiner Wichtel, die sich mit im Raum aufhalten, zu uns heran. Ohne Helfer geht es eben nicht. Wichtel sind winzige, koboldähnliche Männchen, die gerne Glück und Freude verschenken. Aus diesem Grund sind viele von ihnen als fleißige Unterstützer des Weihnachtsmannes aktiv. Diese hier wirken jedoch nicht gerade sonderlich begeistert, nehmen aber brav rechts und links von uns Platz. Dann stimmt Santa an: *„Joulupukki, Joulupukki …“* Das ist der finnische Begriff für Weihnachtsmann, klärt er mich nebenbei schnell auf. Die Wichtel setzen ein. Das Lied geht noch einige Zeilen, bis sie aufhören und Santa an mich abgibt: *„Jetzt du!“*, fordert er auf.

Leise beginne ich zu trällern: *„Joulupukki, Joulupukki …“* und verstumme. Santa singt die nächste finnische Zeile vor, ich breche mir fast die Zunge beim Versuch, sie zu wiederholen. Wir lachen alle laut los. Vor allem die Wichtel wirken erleichtert, dass sie aufhören dürfen und kehren auf ihre Plätze zurück.

Mit den Worten *„Danke Santa, das war toll!“* verleihe ich meiner Begeisterung Ausdruck.

Cornelia und die Wichtel machen noch ein Abschlussfoto von Santa und mir, dann stolpern meine Roboterfreundin und ich lachend hinaus und hören uns die Aufnahme an. Es ist schon irgendwie schräg, mitten im Sommer in diese Weihnachtswelt einzutauchen. Während draußen die Sonne scheint und alles in Blüte steht, glänzt und leuchtet hier drinnen die Dekoration, die ich sonst nur im Dezember bewundere. Stundenlang unter einem Kostüm, wie Santa es trägt, zu stecken und jeden Tag gefühlte tausend Mal die gleichen Fragen zu beantworten und dabei stets fröhlich zu sein, ist bestimmt auch nicht immer leicht.

Wir ziehen weiter und halten in Rovaniemi die Beschilderung nach Ranua ein, so lange, bis es rechts nach Tervola geht. Die Straße 926 ist wenig befahren und wird zum Genuss bei Sonnenschein. Auf dem Weg aus der Touristenhochburg hinaus machen wir heute noch eine spannende Entdeckung: Die Finnen legen Wert darauf, ihre Teppiche äußerst gründlich zu reinigen, wofür sie ganze Anlagen haben. Diese sind öffentlich sowie für jeden zugänglich und werden meistens von den Gemeinden unterhalten. An solch einem Teppichsäuberungsplatz kommen wir zum Stehen. Eine Frau und ein Mann sind gerade schwer damit beschäftigt, ihre Läufer durchs Wasserbecken zu ziehen. Ein komplexes Rohrsystem mit Mangeln, die auch die letzte Feuchtigkeit herauspressen, befindet sich hier am Straßenrand. Die Frau seift ihren gelben Läufer großzügig ein und fährt mit einer Bürste über jeden Quadratzentimeter. Ich will wissen, wie lange sie für einen Teppich benötigt.

„One hour, eine Stunde", antwortet sie mir.

„Und wie oft im Jahr machen Sie das?", bohre ich weiter.

„Einmal im Jahr, immer zur Sommerzeit."

Teppichreinigungsanlage

Abendliches Tagebuchschreiben

Auf einem Trockengestell lagert schon ein anderer Läufer, einer, dem das Ehepaar offensichtlich schon alle Milben aus den Fasern geschrubbt hat.

Dann setzen wir unseren Weg fort, halten uns parallel zum Kemijoki, dessen Flussausläufer wir auf flachen Brükken einige Male überqueren. Kein Wunder, dass wir auf diese Weise den Anblick des glitzernden Blaus und satten Grüns genießen können. Dabei geht es immer wieder leicht bergauf und bergab, bis wir gegen 21.30 Uhr einen geeigneten Zeltplatz direkt am Wasser finden. Cornelia versucht ein Feuer zu entfachen, was leider misslingt, da das Holz zu nass ist. Wir räuchern trotzdem ein wenig die Umgebung zu, beobachten ein Boot, das in einiger Entfernung treibt, schauen uns den Sonnenuntergang an und träumen bald schon vom Weihnachtsmann.

Die Prinzessin auf der Erbse 101 Kilometer

5. August: Hinter Rovaniemi bis Kemi

Vorsichtig beuge ich mich über die schlafende Cornelia und öffne das Zelt auf ihrer Seite. Strahlender Sonnenschein begrüßt mich, die Wellen plätschern ans Ufer. Bauschige Wattewolken, die über dem Nadelwald hängen, blicken stumm auf diesen finnischen Morgen hinab. Unser Lager befindet sich so wunderbar nah am Wasser, dass es mir vorkommt, als würden wir mit dem Zelt auf der Oberfläche treiben. Ein herrlicher Tagesbeginn, wäre da nicht so eine nervtötende dicke Fliege, die desorientiert Angriffe auf den Stoff unserer Behausung fliegt. „Summ, summ" geht es in einer Tour. Meine Versuche, sie zu vertreiben und für Ruhe zu sorgen, scheitern, sodass ich beschließe, Cornelia wachzugucken. Darin bin ich gut und es dauert nicht lange, bis wir beide – und dieses Mal einstimmig – im Wasser stehen und diesen 5. August mit einem erfrischenden Bad beginnen.

Es wird immer später, erst gegen 13.00 Uhr gelingt es uns zu starten. Wenn mir jetzt jemand mitteilte, dass wir heute über einhundert Kilometer fahren werden, würde ich mit dem Zeigefinger an die Stirn tippen.

Stundenlang rollen wir durch diesen Sommertag, die Bedingungen sind perfekt und es bereitet nur wenig Mühe voranzukommen. Die Umgebung ist eine recht gleichbleibende Komposition aus asphaltierter Straße, gesäumt von Bäumen, und Feldern, auf denen Heuballen lagern. Das Radfahren gleicht einer Meditation, mein Verstand ist ruhig, die Augen sehen nur die Straße vor sich, die Haut spürt die Wärme der gelben Strahlen. Klare Luft gelangt über Nase und Mund in die Lungenflügel und die Beine müssen das Gehirn heute gar nicht fragen, was zu tun ist, sondern sie drehen sich einfach immer weiter und weiter, ganz ohne Anstrengung. Herrlich! So lässt es sich entspannen, keine Termine, kein (eingeschaltetes) Handy, kein Laptop, kein Internet …

„Wir brauchen Wasser“, stellt Cornelia nach einigen Stunden fest und kommt zum Stehen. Wir spähen über einen Gartenzaun und winken einer Frau zu, die gerade damit beschäftigt ist, Rasen zu mähen. Sie schaltet das Gerät ab und nähert sich uns, einen hyperaktiven Hund im Schlepptau. Der Spitz hat so viel Fell, dass er einer dicken Pudelmützen-Bommel gleicht. Aufgeregt rennt er um sein Frauchen herum, hüpft wie ein Gummiball auf und ab, verliert fast seinen Schwanz vor lauter Freude. Wir geben der Hundebesitzerin zu verstehen, weshalb wir hier sind, halten dabei demonstrativ unsere Wasserflaschen in die Höhe. Sie versteht, scheint aber keinerlei Englischkenntnisse zu besitzen. Bereitwillig öffnet sie ihr Gartentor und bittet uns herein. Sie ist die erste Person, die darauf besteht, dass wir beide eintreten. Sie läuft zum Haus, wir folgen ihr, stolpern dabei fast über das nervöse Tier, welches enge Kreise um unsere Beine dreht. An der Rückseite ihres Hauses angekommen, öffnet die Frau einen Wasserhahn, lässt zunächst einige Liter ablaufen und signalisiert uns, die Flaschen zu befüllen. Dann präsentiert sie eine weitere Flasche, randvoll gefüllt mit eiskalter Flüssigkeit.

„Danke, danke, wir haben genug“, antworten wir mit Hand und Fuß, verabschieden uns höflich und radeln weiter.

In Tervola – einer Gemeinde mit knapp dreitausendzweihundert Einwohnern – folgen wir der Beschilderung ins „Keskusta“, wie hier in Finnland das Ortszentrum heißt. Während ich dort im Supermarkt für neuen Proviant sorge, kommt Cornelia mit einer Frau ins Gespräch. Als ich mit meinen Eroberungen hinaustrete, begrüße ich die Fremde.

„Ich habe euch vor etwa zwanzig Kilometern überholt“, erklärt diese und fährt fort, „Toll, was ihr da leistet – mit Gepäck so viele Kilometer zu fahren. Stark!“, hebt sie ihren Daumen. Es ist nicht das erste Mal, dass uns Einheimische ihren Respekt zollen. Oft schon haben Menschen anerkennend genickt, wenn sie unsere bepackten Drahtesel vor Geschäften stehen sahen. Manche der entgegenkommenden Autofahrer zeigten ihre Anerkennung mit eindeutigen freundlichen Gesten. Obwohl die Finnen als sportliches Volk gelten, sind sie wegen unserer Leistung oftmals total begeistert. Wir bedanken uns für die Komplimente der Frau, die damit fortfährt, noch einen Tipp zu geben: „Wenn ihr in die Hafenstadt Kemi kommt, dann besucht das Festival, das an diesem Wochenende dort gefeiert wird. Die Musik ist gemischt und für Jung und Alt ist etwas dabei.“

Mit dieser Aussicht entfernen wir uns. Hinweise von Einheimischen befolgen wir, wenn irgend möglich, immer, wissen sie doch am besten, wo etwas los ist.

Schätzungsweise fünfzehn Kilometer vor Kemi beginnt ein Radweg und sogar die Stadt Oulu, noch etwa einhundert Kilometer entfernt, wird bereits für Radfahrer ausgewiesen.

Bevor wir das Zentrum von Kemi erreichen, vernehmen wir schon die Klänge von Livemusik und biegen nach rechts Richtung Wasser ab, der Ort liegt am nördlichen Ende des Bottnischen Meerbusens. Auf einer riesigen Rasenfläche tummeln sich vorwiegend junge Menschen. Da das Festivalgelände eingezäunt ist und wir nicht wissen, wie wir unsere Fahrräder mit Gepäck zwischen den Menschenmassen hindurchbekommen sollen, bleiben auch wir auf dem Areal davor, legen unsere Plane aus, öffnen das mitgebrachte Bier, einen halben Liter billigsten Lagers für etwas mehr als 2,50 Euro pro Dose. Ich habe keine Ahnung, wie viel Pfand es darauf gibt, aber es muss sich lohnen, glaubt man den eifrigen Sammlern um uns herum. Immer, wenn wir die Dosen abstellen, kommt sogleich jemand angerannt und fragt, ob sie leer sei und er sie mitnehmen könne. Wir schütteln dann jedes Mal panisch die Köpfe und greifen schnell nach unseren Investitionen, die wir hier aufgrund der hohen Alkoholpreise nur sehr selten tätigen. Die Menschen, die so emsig unterwegs sind, gehören zur Volksgruppe der Roma, wie wir an ihrem äußeren Erscheinungsbild vermuten. Für Frauen sind traditionellerweise mehrere knöchellange schwarze Samtröcke, übereinander getragen, dazu Blusen mit Rüschen, typisch. Auffälliger Schmuck ergänzt das Outfit. Männer besitzen Hosen, die an den Waden eng anliegen, ab dem Oberschenkel dann weiter werden, dazu ein helles Hemd, eine taillierte Jacke, Stiefel und einen weichen Hut. Diejenigen, welche hier unterwegs sind, sehen natürlich nicht alle haargenau so aus, fallen aber in ihrer Kleidung dennoch auf, da sie anders ist als das, was der Durchschnittsfinne trägt.

Im sechzehnten Jahrhundert kamen die ersten Roma über Schweden und das Baltikum hierher. Heute leben schätzungsweise zehntausend von ihnen in Finnland. Ihre traditionelle Lebensweise als fahrende Kesselflicker, Pferdehändler, Ledernäher, Musiker und Kleinhändler ist der Sesshaftigkeit gewichen. Heute sind sie größtenteils im Bildungswesen, in Pflegeberufen und der Unterhaltungsbranche tätig, wohl aber auch in Jobs, welche die Mehrheit der Gesellschaft nicht übernehmen kann oder will. Mittlerweile gibt es nationale Organisationen, die sich für die Belange der Roma einsetzen. Alltag und Berufsleben sollen allerdings dennoch nicht ganz ohne Vorurteile funktionieren.

Eine ziemlich abgemagerte Frau kommt immer wieder zu uns, hofft, dass wir endlich austrinken. Irgendwann, als wir genügend Zeit damit verbracht haben, der Musik zu lauschen und Leute zu beobachten, winken wir sie zu uns heran und werfen unsere leeren Dosen in ihren Plastikmüllsack. Sie wirkt äußerst dankbar.

Ein wenig nachdenklich und darüber sinnierend, wie wohl das Leben dieser Frau aussehen mag, verschwinden wir. Dass es uns sehr gut geht, wird uns wieder einmal bewusst. Eine gemütliche Wohnung, Arbeit, Gesundheit und den nötigen Penny zum Reisen zu haben, ist ein Privileg, das wir zu schätzen wissen.

In einer Reihenhaussiedlung stoppen wir, um uns für die Nacht mit Wasser zu versorgen. Insgesamt drei Flaschen lassen wir allabendlich befüllen. Das ergibt eine Menge von dreieinhalb Litern, mit denen wir kochen, davon trinken und uns die Zähne putzen. Um nicht zu viel davon vor der Nacht zu verbrauchen, schlürfen wir vor dem Nachfüllen immer alles an Wasser aus, das wir bis dato noch mit uns herumschleppen. Das ist meistens ein halber Liter pro Person und sorgt dafür, bei der Schlafplatzsuche nicht zu dehydrieren. Heute jedenfalls scheint ein innerliches Austrocknen die kleinere Gefahr zu sein und wir erleben ein Bespiel dafür, dass Klingeln und Bitten bei fremden Menschen nicht immer ganz reibungslos ablaufen. Ich stehe gerade vor der Haustür des ersten Hauses in der Siedlung, läute, woraufhin lautes Babygeschrei ertönt. Ich habe ja nicht viel Ahnung von Neugeborenen, aber das hier hört sich verdammt jung an. „Oh Mann", raune ich Cornelia zu, „Ich glaube, ich habe einen Säugling geweckt." Dann denke ich darüber nach, schnell zu verschwinden, komme aber zu dem Schluss, dass dies doch recht unhöflich wäre, nachdem ich nun sowieso schon für Unruhe gesorgt habe. Also warte ich geduldig. Als nichts passiert, ich aber Schritte, Gepolter und auch immer noch den kleinen Schreihals höre, klingele ich erneut. Immer noch keine Reaktion.

„Wollen wir gehen?", frage ich meine Freundin. Die zuckt mit den Schultern.

„Okay, letzter Versuch", kündige ich an und klopfe zur Abwechslung mal. Dann fliegt urplötzlich und mit einem kräftigen Schwung die Tür auf und bringt mich beinahe zu Fall. Welch ein Glück, dass ich meinen Helm noch trage! Eine junge kräftige Frau mit einem ziemlich kleinen Baby auf dem Arm steht vor mir und schaut mich leicht genervt an. Ich taumele zu meinem alten Platz, direkt an der Schwelle zurück und halte die leeren Flaschen in die Höhe. „Können Sie uns die bitte auffüllen, mit Leitungswasser?" Ich lächle unsicher.

Ihr Gesichtsausdruck wird etwas milder. „Ja", erwidert sie knapp, drückt dem Typen hinter sich die Flaschen in die Hand und verschwindet wieder. Auf dem Fußboden des Flures krabbelt ein weiteres Kind in Windeln herum. Wenig später taucht der Mann wieder auf und gibt mir die gefüllten Flaschen zurück.

„Vielen lieben Dank und noch einen schönen Abend", wünsche ich und entferne mich schnell. „Puh, die habe ich jetzt wohl ziemlich gestört." Ich verstaue mein Wasser, gebe Cornelia ihres.

„Du solltest deinen Helm zum Wasserholen immer tragen", empfiehlt mir meine Freundin lachend.

Der Weg hinaus aus der Stadt gestaltet sich ausgerechnet heute, da wir unsere Tagesstrecke längst abgeleistet haben, besonders camperunfreundlich. Rechts und links der Straße ist alles eingezäunt, kilometerweit. Wir fragen uns immer wieder, wann das wohl endlich aufhört und wir Zugang zum Wald bekommen.

Erst nach einer stolzen Distanz von ziemlich genau einhunderteins Kilometern werden wir erlöst und finden an einem schmalen Trampelpfad im Wald eine halbwegs ebene, moosbewachsene Fläche. Es ist mittlerweile kurz nach 22.00 Uhr und unsere Mägen freuen sich schon sehr lange auf das Abendessen. Wir krabbeln erst einmal in die Schlafsäcke, dann gibt es Instantnudeln, die aussehen, als hätten sie eine Dauerwelle verpasst bekommen. Das Zeug habe ich schon vor zwölf Jahren gegessen, als ich nach dem Abitur mit Freunden über die Lofoten in Nordnorwegen wanderte. Damals konnten wir uns nach zehn Tagen Urlaub einfach nichts anderes mehr leisten als das ungesunde Billigprodukt. Das Gefühl, mich daran übergegessen zu haben, ist seit einigen Jahren verschwunden, sodass ich es heute wieder vollends genießen kann. Für Cornelia, die daheim gern einmal Dinge isst, deren Farbe mit so viel Chemie erzeugt wurde, dass sie garantiert im Dunkeln leuchten, ist da sowieso schmerzfrei. Wer ihr eine Freude machen will, schafft das mit froschgrüner Grütze im Plastikbecher.

Satt fallen wir nach hinten um, schieben noch fix das schmutzige Geschirr und den Müll ins Vorzelt und wollen nur noch schlafen. Das täten wir auch, wäre da nicht die weltberühmte Erbse unter meiner Isomatte. Ich habe das große Unglück, den Platz auf einer Wurzel, einem kleinen Erdhügel oder einem mikroskopischen Baumstumpf erwischt zu haben. Fakt ist, so kann ich nicht schlafen!

„Mein Platz ist unbequem, da ist irgendetwas unter mir“, beginne ich in mitleiderregender Stimmlage meinen taktisch bestens durchdachten Vormarsch.

„Hm“, brummt Cornelia, die wie immer im Blitztempo eingeschlafen war.

„Also, so etwas Ungünstiges, das hält mich sicherlich die ganze Nacht wach und morgen habe ich dann Rückenschmerzen“, arbeite ich mich zu Phase zwei vor.

„Das kann eigentlich gar nicht sein, wir haben doch beim Aufbauen darauf geachtet“, erwidert Cornelia matt.

Ich frage mich, wie sie es schafft, immer so freundlich zu bleiben. Ich hätte mich ja schon längst rausgeschmissen.

Phase drei und Finale: „Doch, doch, da ist etwas. Ich bin mir ganz sicher, es wird mich – wenn überhaupt – nur sehr schlecht schlafen lassen."

„Wollen wir tauschen?", bietet Cornelia daraufhin an.

Strike!

„Das würdest du tun?", hake ich der Höflichkeit halber nach.

„Als hätte ich das nicht schon unzählige Male gemacht", erwidert sie korrekterweise und fährt fort, „Na los, komm schon!"

Dann schieben wir uns mit den Schlafsäcken aneinander vorbei und erinnern dabei an dicke Mehlwürmer zur Paarungszeit. Auf der neuen Seite angekommen, strecke ich mich ausgiebig, mache die Beine lang und gähne: „Hier liegt es sich ja gut!"

„Gute Nacht, Prinzessin auf der Erbse!", verabschiedet sich Cornelia, die sicherlich froh ist, endlich ihre Ruhe zu haben.

Hinter dieser Grafik steckt eine Audiodatei.
Einfach das Logo scannen, zurücklehnen und lauschen.

Sturzbetrunken, aber nett 77 Kilometer

6. August: Kemi bis kurz vor Oulu

8.30 Uhr: Ich bin wach. Das teile ich auch Cornelia mit. Ihre Antwort ist mehr ein Brummen als ein Sprechen und lautet: „Mady, schlaf weiter!“

„Na gut“, drehe ich mich eben noch einmal um. Das hat als Kind nie funktioniert, auch nicht, als ich 5.30 Uhr wach war. Rückblickend tun mir meine Eltern ganz schön leid …

Als ich um 10.20 Uhr erneut die Augen aufschlage, steht auch Cornelia dem Vorhaben, aufzustehen, positiv gegenüber.

Bei frisch gepflückten Blaubeeren, duftendem Kaffee und mit zwei Blaubeertörtchen, auf deren Oberfläche ich ein Gesicht zu erkennen glaube, starten wir in einen weiteren sonnigen Tag.

Als wir nach einigen Kilometern an einem Haus nach Wasser fragen – Cornelia hat sich geopfert – bekommt sie sogar noch Saft angeboten. Wir beschließen, dass Conny künftig fürs Wasserholen verantwortlich ist. Für sie läuft es einfach besser …

Der Radweg nach Oulu – Austragungsort der Luftgitarren-Weltmeisterschaft – ist immer mal wieder per Fahrradsymbol ausgeschildert und deckt sich mit dem Landstraßenabzweig nach Viantie, den wir beinahe übersehen. Radwege, aber auch Fernverkehrsstraßen mit breitem Seitenstreifen sind unsere Wegbereiter.

Circa sieben Kilometer hinter Viantie, in der gut Dreitausend-Seelen-Gemeinde Simo, rollen wir auf den Parkplatz eines Supermarktes. Es ist warm, die Sonne scheint und wir wollen uns mit Eiscreme abkühlen.

Wir lehnen die Räder an die Wand des Gebäudes, Cornelia steuert eine Sitzbank, ich das Innere des Marktes an.

Mit großen Eistüten in den Händen kehre ich zurück und geselle mich zu meiner Freundin.

„Hach, was geht es uns gut“, preisen wir das Leben, saugen die warmen Strahlen gierig auf. Unsere Gesichter, Arme und Beine sind mittlerweile richtig gut gebräunt und wir fühlen uns gesund und kernig. Weil Gesundheit auch entsteht, wenn man Dinge tut, die einem Freude machen, kaufe ich uns bald ein zweites Eis, das wir ebenso genüsslich vertilgen. Offensichtlich ist unsere Lebensfreude auch für Außenstehende sichtbar, denn es dauert nicht lange, bis uns ein Mann anspricht. Er sieht aus wie der Weihnachtsmann, nur sein Alkoholpegel und die Kleidung unterscheiden ihn vom Original. Seine Kontaktaufnahme zu uns erfolgt auf Finnisch. Auch wenn ich keine Ahnung habe, was er will, antworte ich ihm: „Saksa“, was in seiner Sprache „Deutschland“ heißt und nehme damit den Gesprächsfaden auf.

Er nickt, brummelt etwas.

Dann gestikuliere ich unsere Reiseroute, erwähne die Ortsnamen unserer Tour, zeige auf die Fahrräder und schließe stolz: „Helsinki!“

Er nuschelt eine Antwort, lächelt zahnlos und verschwindet dann im Geschäft.

„Na gut, wollen wir weiter?“ Ich rolle das Eispapier zusammen und mache mich auf den Weg zum Mülleimer.

„Irgendwann müssen wir ja …“, erwidert Cornelia und erhebt sich seufzend.

Als ich gerade mein Portemonnaie in der Lenkertasche verstaue, kommt der alkoholisierte Santa Claus wieder hinaus. In den Händen hält er zwei Eistüten und nimmt damit Kurs auf uns. Er lallt irgendetwas und streckt uns die Leckerei entgegen.

„Für uns?“, haken wir überflüssigerweise nach und nehmen die Geschenke an. Es handelt sich um exakt die gleiche Sorte, die wir verspeisten, als er uns angesprochen hatte. Wie aufmerksam! Dann verschwindet er schwankend über den Parkplatz.

Cornelia und ich wenden uns also wieder von den Fahrrädern ab und kehren zur Bank zurück. „Essen wir eben noch ein Eis und pausieren weiter!“, nehmen wir das Schicksal an und verspeisen unser drittes Eis in Folge. Dabei beobachten wir, wie immer wieder Autos angebraust kommen, die Fahrer aussteigen, keine Anstalten machen, den Motor abzustellen und ihr Gefährt dann mit steckendem Zündschlüssel zurücklassen und in aller Seelenruhe den Wochenendeinkauf tätigen. Radfahrer sind ebenso entspannt und denken gar nicht daran, ihren Drahtesel mit einem Schloss zu sichern.

Beim Vorhaben, den Ort irgendwann dann doch mal zu verlassen, um endlich weiterzukommen und die angefutterten Kalorien loszuwerden, entdecken wir einen Wegweiser, der per Radsymbol die Richtung nach Oulu anzeigt. Dennoch finden wir uns bald schon auf einer Fernstraße wieder, die aufgrund des herrschenden Verkehrs nicht sehr angenehm zu fahren ist.

An einem Gebäude mit dem Schriftzug „Merihelmi Camping“ halten wir an und erkundigen uns aus reinem Interesse nach den Preisen. Ein Zelt plus zwei Personen kostet pro Nacht insgesamt vierzehn Euro und ermöglicht einen Schlafplatz am See. Für uns als Wildcamper gibt es nur manchmal ein Lager am Wasser, da Wälder per Fahrrad und über Wirtschaftswege oft einfach besser zu erreichen sind und meistens nicht in der Nähe von Privatgrundstükken liegen. Der Übernachtungspreis ist hier, verglichen mit dem, was die Anbieter in der Heimat des Weihnachtsmannes veranschlagen, gering. Aber so lange es nicht in Strömen gießt oder wir uns Städte anschauen wollen, schwören wir aufs freie Zelten und es gelingt uns auf diese Weise sehr preiswert voranzukommen. Wir kaufen einmal täglich für acht bis fünfzehn Euro ein und haben dabei nicht das Gefühl, etwas zu vermissen. Zu diesem Preis ist auch fast immer eine große Tafel Schokolade mit dabei. Was wollen wir mehr?

In der Gemeinde Ii decken wir uns mit einer neuen Gaskartusche ein und finden beim Verlassen nicht gleich den richtigen Weg. Ein drahtiger Mittzwanziger mit raspelkurzen Haaren und fröhlichem Gesicht spricht uns an. Er ist ebenfalls per Fahrrad unterwegs und auf dem Rückweg nach Oulu, wo er wohnt. Die vergangenen zwei Tage hat er im Sommerhäuschen der Eltern verbracht, was ausnahmsweise mal nicht an zahlende Gäste vermietet war. Sein Rucksack baumelt lässig am Lenker, während er ein forsches Tempo vorgibt. Wir halten tapfer mit ihm mit und fragen ihn nach Tipps für unseren Oulu-Besuch. Er erzählt uns, dass die Stadt der perfekte Ort für Biker sei, da ein umfassendes und gut beschildertes Netz aus entsprechenden Wegen City und Umgebung erschließt.

„Nur Vorsicht vor Diebstählen!", warnt er. „In Oulu müsst ihr die Räder anschließen", deutet er auf sein winziges Schloss, das per Klemmprinzip das Hinterrad fixieren kann.

Wir schmunzeln, da es für uns selbstverständlich ist und wir es nicht anders gewohnt sind, als unsere drahtigen Gefährten immer per Falt- und Kettenschloss am Rahmen und einem Fixpunkt wie einer Straßenlaterne zu befestigen.

Über eine Alternativroute zur Schnellstraße, einen hervorragenden Radweg, lotst er uns durch die Umgebung, bis wir auf der 847 rauskommen. Hier verabschiedet er sich schnell mit den Worten: „Dieser Straße könnt ihr nun weiter folgen, es ist nicht viel los."

Wir sehen dem zügig verschwindenden Studenten hinterher und nach einer kurzen Verschnaufpause nehmen wir die letzten Meter für heute in Angriff. Bereits nach fünf Kilometern kommen wir auf einer Fläche mit hohem Gras zur Ruhe.

Teerschnaps und tanzende Omi 30 Kilometer
7. August: Nach Oulu

Über gut erkennbare Radwege führt uns der Weg durch gepflegte Wohnsiedlungen nach Oulu. Unglaublich viele Menschen sind an diesem Sonntag als Jogger, Biker, Walker, per Inline Skates und auf Rollski unterwegs. Körperliche Ertüchtigung gehört für die Finnen zum Leben dazu. Mehr als eine Million Landesbewohner sind Mitglied eines Sportvereins und mindestens doppelt so viele trainieren auch ohne Verein ihre Fitness. Das Wort „sisu" kennzeichnet das finnische Selbstverständnis, zu dem Zähigkeit und Widerstandsfähigkeit gehören. Sisu will sagen: „Wir halten alles aus!" Das Wort ist landesweit bekannt und die Finnen sind sich sicher, dass in jedem von ihnen eine geheimnisvolle Kraft schlummert, die einen dazu befähigt, mit dem Nötigsten auszukommen und selbst die widrigsten Bedingungen zu überstehen. Sport zu treiben und dabei bis an die Grenzen zu gehen, trägt bestimmt dazu bei, härter zu werden. Für uns ist die Reise bisher weitestgehend ohne viel sisu in Kopf und Muskeln und mit viel Freude zu bewältigen gewesen. Ich bin mir sicher, das wird sich noch ändern, sind wir doch bisher alles in allem mit außergewöhnlich guten Wetterbedingungen gesegnet.

Gegen Mittag erreichen wir unser heutiges Tagesziel, die sechstgrößte Stadt des Landes mit rund einhundertneunzigtausend Einwohnern. Oulu erlangte einst große Bekanntheit mit einem klebrigen Exportprodukt: Teer, terva! Heute erinnert ein Getränk, nämlich Teerschnaps, an diese Ära. Bevor wir dieses probieren wollen, möchten wir uns zunächst ein Lager für die Nacht sichern und fragen bei verschiedenen Passanten nach einem Campingplatz. Schilder finden wir nämlich nirgends. Ein ortskundiges Rentnerehepaar auf Fahrrädern geleitet uns etwa drei Kilometer zum „Nallikari Camping", einem Vier-Sterne-Feriendorf mit Villen, Ferienhäusern, Wohnmobil-Stellplätzen, Campinghütten und Zeltplatz, in unmittelbarer Nähe eines schönen Sandstrandes. Diese Lage hat leider ihren Preis und schlägt für uns mit insgesamt fünfundzwanzig Euro pro Nacht zu Buche. Nachdem wir aufgebaut haben, verschwinden wir in den Waschräumen und duschen so lange, bis wir schrumpelig sind.

Neben uns hat sich ein Deutscher mit seinem Zelt niedergelassen. Stefan ist ebenfalls per Fahrrad angereist und war, zusammen mit seinem Freund, bereits am Nordkap.

„Wo ist dein Kumpel?", sehen wir uns suchend um.

„Wir haben uns getrennt", antwortet er und fährt fort, „Ich habe Knieschmerzen, kann nicht weitermachen und wollte den Bus nehmen. Da wir aber nicht zum Bus-, sondern Radfahren hergekommen sind, mussten wir uns voneinander verabschieden und ich sehe jetzt zu, dass ich mit öffentlichen Verkehrsmitteln zurück nach München komme." Während er uns das erzählt, wirkt er, als würde ihm das nicht viel ausmachen, und deckt sein Fahrrad dann liebevoll mit einer Plane zu. Als ich das sehe, bekomme ich gleich ein schlechtes Gewissen, so sorgsam gehen wir mit unseren Begleitern nicht um. Sie leiden an Kettenfett, denn das haben wir ja verloren und außerdem müssen sie immer draußen stehen, Tag und Nacht, vollkommen ungeschützt. Das Rad unseres Landsmannes sieht ziemlich teuer aus. Wir sind zwar auch nicht auf klapprigen Damenrädern unterwegs, aber ebenso wenig sind es sündhaft teure Bikes, die wir unser Eigen nennen. Um die vier- bis fünfhundert Euro haben wir in den Kauf investiert und das schon vor Längerem, da wir in unserer Heimatstadt auch immer radelnd unterwegs sind. Viel wichtiger war eine Zusatzinvestition: Unplattbare Reifen von der Firma Schwalbe – diese halten wirklich, was sie versprechen, und sind ihr Geld wert. Mit ihnen sind wir daheim schon unzählige Male durch Glasscherben gerauscht, ohne dass sie Schaden genommen haben.

Ein bisschen Ruhe gönnen wir unseren Bikes, als wir ihnen die Lasten abnehmen und ohne Gepäck federleicht zurück in die City brausen. Die Stadt liegt am oberen Ende des Bottnischen Meerbusens und ist nicht nur für die Weltmeisterschaft im Luftgitarrespielen bekannt, sondern heute insgesamt stark von Industrie, Universitätsleben, Hochtechnologie und Schifffahrt geprägt. Tatsächlich macht der Ort seinem Namen „Fahrradstadt" alle Ehre und ist mit sechshundertfünfzig Kilometern Radwegen ausgestattet, wie wir in einem Prospekt nachlesen. Angeschlossen sind viele Bikes lediglich mit winzigen Schlössern, die man vermutlich mit den Zähnen durchgebissen bekommt. Als wir das sehen, müssen wir an die Warnung unseres Begleiters und sein kleines Klemmschloss denken …

Spannende Sehenswürdigkeiten, ein umfangreiches kulturelles Angebot und das moderne Stadtbild locken uns an. Zunächst wollen wir dem Tipp eines deutschen Finnlandkenners folgen, zu dem ich vor der Reise Kontakt hatte. Er legte uns den Besuch des „Pannukakkutalo", eines Lokals in der Nähe des Hafens in der Straße Aittatori 9, nahe. Dabei handelt es sich um ein Pfannkuchenhaus in einem roten Holzhäuschen, welches süße und herzhafte Spezialitäten anbietet. Wir nehmen an einem Tisch im Außenbereich, an dem bereits eine Finnin in unserem Alter sitzt, Platz. Sogleich kommen wir ins Gespräch und erfahren, dass sie aus Helsinki stammt, sich hier in Oulu mit einem Freund getroffen hat und bald schon wieder abreisen wird, da sie am Folgetag arbeiten muss.

„Die Pfannkuchen sind wirklich außergewöhnlich gut“, kündigt sie an und ich mache mich daraufhin auf den Weg hinein, um unsere Bestellung aufzugeben.

Die Frau hinter der Theke schüttelt den Kopf und zeigt auf eine Wanduhr. „Bestellungen müssen eine Dreiviertelstunde vor der Schließzeit um 17.00 Uhr aufgegeben werden“, klärt sie mich auf. Es ist 16.30 Uhr und ich flehe sie um eine Ausnahme an und schwärme davon, wie wärmstens mir dieses Restaurant empfohlen wurde. Daraufhin verschwindet sie in der Küche und kehrt mit der frohen Botschaft zurück, dass sie ein Auge zudrükken darf. Erleichtert ordere ich Pfannkuchen mit Banane, Nutella, Puderzucker und Sahne, die uns wenig später hinausgebracht werden. Gierig machen wir uns über die Köstlichkeiten her und müssen zugeben: Es lohnt sich und schmeckt großartig. Ich genieße den Geschmack der frischen Sahne, die – zusammen mit Nutella – bald schon in meinen Mundwinkeln klebt. Toll!

Ich erzähle der Finnin von einem Festival, das hier laut meiner Recherche stattfinden soll, wovon wir aber bisher leider nichts sehen konnten. Auf Anhieb kann sie mit der Bezeichnung „Oulu August Festival“ auch erst einmal nichts anfangen. Sie zückt ihr Smartphone, googelt und teilt uns dann mit, dass dieser Monat insgesamt mit einer Fülle an Veranstaltungen, Musikevents, Literatur- und Filmabenden aufwartet. „Das Oulu-August-Festival vereint acht eigenständige Festivals und dutzende Rahmenveranstaltungen unter einem Dach. Gastauftritte internationaler Stars, gepaart mit Lokalkultur vom Feinsten, füllen Konzertsäle und Bibliotheken, Restaurants und Cafés, Kirchen und Galerien sowie Plätze, Straßen und Parkanlagen in Oulu und den umliegenden Orten“, liest sie auf Englisch von der Internetseite „Finland Festivals“ ab. Dann checkt sie, wo heute etwas los ist, und empfiehlt uns den Besuch der „Rusty Miller Bar“, in der eine Liveband am Abend gratis Jazzmusik zum Besten geben wird.

Wir vertreiben uns die Zeit zunächst mit einem Spaziergang durchs Hafenviertel, schlendern vorbei an kleinen roten Holzhäusern. In Stil, Größe und Farbton ähneln sie einander sehr. Bald schon finden wir uns an einem gepflegten Strand wieder. In der Ferne stößt eine Fabrik dichten Rauch aus einem langen Schornstein aus und schafft damit ein kontrastreiches Bild von gepflegter Grünanlage am Wasser und luftverschmutzender Industrie. Die Rauchwolken verzeihen wir Oulu gern, ist es doch eine Stadt, deren entspannte Atmosphäre uns außerordentlich gut gefällt. Wir fühlen uns pudelwohl zwischen den Sonntags-Ausflüglern und genießen das Hafenflair, beobachten kleine Boote und glänzende Luxusyachten.

Zum Abend machen wir uns auf den Weg in die Bar, in der wir gerade noch zwei Plätze erhaschen, bevor sie bald rappelvoll ist. Wir bestellen Sommersekt und beobachten das sehr gemischte Publikum, das von Verlebt bis Chic, von Jung

Sehenswerte Stadt Oulu

Gar nicht so schlecht: Teerschnaps

bis Alt äußerst abwechslungsreich vertreten ist. Eine dürre Omi mit geflochtenen weißen Zöpfchen legt einen sehr interessanten Tanz aufs Parkett. Je länger die Band spielt, umso mehr Rock'n'roll-Klänge packt sie in ihre Musik und lockt weitere bewegungsfrohe Gäste von ihren Stühlen. Die Stimmung ist super. Wir wippen bis zum Ende des Konzerts fleißig mit und finden uns gegen 20.00 Uhr bei strahlendem Sonnenschein auf der Straße wieder. Es fühlt sich an, als würde der Tag gerade erst beginnen und nicht seinem Ende entgegengehen. So nutzen wir das tolle Wetter und lassen uns je ein Dosenbier schmecken und nehmen – genauso wie viele andere – den beginnenden Sonnenuntergang im Hafen wahr. Einzig ein betrunkener Kerl trübt die romantische Szene, indem er sich vor einer der teuersten Yachten aufbaut, seinen Hosenstall öffnet und die Bordwand anpinkelt. Unmittelbar hinter ihm sitzen wir und schätzungsweise dreißig weitere Menschen, die den Abend genießen wollen. Finnen halten sich an Wochentagen eher zurück, was Alkohol angeht, langen dafür von Freitag bis Sonntag angeblich umso mehr zu. Finnische Männer haben das Pinkeln im Wald gelernt, heißt es, wohl bewusst überspitzt formuliert, in einem meiner Finnlandbücher. So urinieren sie nach reichlich Alkohol gern auf dem Weg zwischen zwei Kneipen. So wie wahrscheinlich auch dieses Exemplar vor unseren Nasen … Wir finden, unsere Landsmänner sind in dieser Hinsicht deutlich wohlerzogener. Zum Glück!

Um leichter vergessen zu können, begeben wir uns in eine andere Bar und bestellen die lokale Besonderheit Teerschnaps. Cornelia verzieht ihr Gesicht auf nie gesehene Weise, während ich festhalte: „Ist doch gar nicht schlecht!“ Er ist schon etwas seltsam, gebe ich zu, aber keineswegs widerlich. Mich erinnert das Zeug an geräucherte Wurst beziehungsweise schmeckt es so, wie der Rauch eines Lagerfeuers riecht.

Wieder am Campingplatz angekommen, schlendern wir zum Strand und winken der Sonne zum Abschied. Als Gruß hinterlässt sie rot-gelbe Farbstreifen und -tupfen, die sich in den Wolken über dem Wasser verfangen.

42 Kilometer (inkl. Abstecher)

Die Rose des Trinkers

8. August: Oulu und weiter

Ausnahmsweise werde ich heute um 9.30 Uhr einmal von Conny wachgeguckt, was ja normalerweise mein Job ist. Gut, dass sie mich geweckt hat, so können wir frühstükken, abbauen, noch einmal die Sonne am Strand genießen und in die Stadt aufbrechen, wo wir die Markthalle besuchen möchten.

Sie, die „Kauppahalli“, befindet sich einem Backsteinbau und das bereits seit mehr als einhundert Jahren. Mitbringsel und hochwertige Zutaten für die heimische Küche sind ebenso zu finden wie Cafés und Restaurants. Wir schlendern durch das helle, freundliche und sehr gepflegte Gebäude, begutachten die Auslagen der Händler, nehmen den Duft frischer Speisen auf.

Nachdem wir uns mit Lebensmitteln aus dem Supermarkt und einer neuen Dose Insektenspray eingedeckt haben, ist es Zeit für den Abschied. Schließlich wollen wir heute zurück in unsere Wildnis. An einem Ersatzteilshop halten wir aber noch einmal an und ich erkundige mich nach einem Öl für Fahrradketten. Diese sehen mittlerweile recht vertrocknet aus und unser schlechtes Gewissen gegenüber den Fahrrädern ist so groß geworden, dass wir sie keine weitere Etappe ohne Fett vorantreiben wollen.

An der Kasse frage ich nach dem Schmiermittel, woraufhin mir ein freundlicher Mitarbeiter im Blaumann zu verstehen gibt, ihm zu folgen. Mit einer Sprühdose bewaffnet, stößt er die Eingangstür des Geschäftes auf, begrüßt die wartende Cornelia und versorgt die Räder mit Schmiere – großzügig und gratis. Und wieder einmal fragen wir uns: Wozu Ersatzteile und Werkzeuge für eine Radtour unnötig spazieren fahren …?

Wäre der Weg aus der Stadt hinaus nicht so irreführend und kompliziert, würde es nun richtig gut flutschen. Mehrmals aber müssen wir stoppen und uns erkundigen. Einmal sucht eine sehr hilfsbereite Frau lange nach ihrer Brille in der Handtasche, wühlt minutenlang in jedem Fach herum, bis sie fündig ist, sich die Sehhilfe auf die Nase schiebt, einen kurzen Blick auf unsere Karte wirft, fröhlich nickt und dann in die Richtung zeigt, die wir sowieso schon längst eingeschlagen haben. Sie nimmt die Brille ab, wir rollen weiter.

Immer wieder müssen wir fragen, finden nur schwer aus der Stadt hinaus. Wir haben Kopien von Straßenkarten bei uns, in die ich den Verlauf des Eurovelo 11 mit Textmarker eingezeichnet habe. Zuvor hatte ich mich übers Internet mit der Routenführung vertraut gemacht. In manchen Orten lassen wir uns zudem mit detaillierten und kostenfreien Umgebungskarten aus Touristenbüros versorgen. Auf diesen finden sich manchmal gute Alternativwege zu großen Straßen. Theoretisch. Die Praxis sieht leider ganz anders aus und wir müssen alle paar Meter Passanten anhalten. Als wir glauben, endlich richtig zu sein, werden wir dann doch noch eines Besseren belehrt: Wir radeln gerade am Fluss, dem Oulujoki, entlang, als wir einen Fußgänger entdecken und einer Eingebung folgen: Vorsichtshalber sprechen wir ihn an, wollen uns ein weiteres Mal absichern. Ohne Umschweife teilt er uns mit, dass wir falsch sind, woraufhin wir enttäuscht die Schultern hängenlassen. Wie kann das sein? Das Wasser haben wir doch zu rechter Hand. Komisch. Dann dämmert es uns: Der Fehler ist schon viel früher passiert und wir irren auf der falschen Flussseite herum …

Wir korrigieren den Kurs und gelangen über Radwege zur Straße 8300 Richtung Hintta und Myllyoja. Glücklicherweise führt unser Weg ganz entspannt zwischen der Straße zu linker und dem Fluss zu rechter Hand entlang. Die grobe Richtung, der wir dabei folgen, gleicht dem Weg in den Ort Muhos, welcher allerdings auf der anderen Flussseite liegt.

Punkt 18.00 Uhr sind wir auf Höhe des „Turkansaari“, eines Freilichtmuseums auf einer Insel im Fluss Oulujoki. Es wurde uns in der Touristinfo in Oulu als sehr sehenswert angepriesen. Im Sommer sollen alte Techniken des Handwerks, wie zum Beispiel das Lachsfischen und die traditionelle Herstellung von Teer gezeigt werden. Es heißt, nirgendwo sonst könnten wir das lokale Erwerbsleben und den Alltag früherer Zeiten besser beobachten als hier. Alles an diesem Kulturdenkmal scheint toll zu sein, alles bis auf seine Öffnungszeiten. Sie erstrecken sich von

10.00 bis 18.00 Uhr. Und wieder einmal gilt: Knapp daneben ist eben auch vorbei …

Dafür dürfen wir eine andere kulturelle Liebenswürdigkeit entdecken: Ein schüchtern wirkender Typ mit rotem Gesicht und betretener Mimik kommt uns mit herunterhängenden Schultern und schlurfenden Schrittes entgegen. In seinen Händen hält er ein Blumensträußchen, nicht irgendeines, sondern eines aus Weidenröschen. Die berühmteste finnische Blume ist nämlich das Schmalblättrige Weidenröschen. In der Umgangssprache ist sie den Landesbewohnern als „rentun ruusu", als Rose für den renttu, den Penner, netter ausgedrückt den Gauner und Streuner, bekannt. Sie wächst im ganzen Land und wenn der Finne alles an Geld vertrunken hat, sich aber bei Frau oder Freundin entschuldigen will, dann wird auf dem Heimweg fleißig gepflückt. Mit dem lilafarbenen Gewächs versucht er dann daheim die Liebe zurückzugewinnen. Der Gesichtsfarbe des Mannes vor unseren Nasen nach zu urteilen, liegt ein ziemlich feuchtfröhliches Wochenende hinter ihm und es scheint, als müsse er sich mit dem Präsent ganz dringend bei jemandem entschuldigen …

Da die Umgebung recht stark besiedelt ist, befürchten wir, heute besonders lange nach einem Schlafplatz suchen zu müssen, was sich glücklicherweise nicht bewahrheitet. Ein schmaler Waldweg geleitet uns zu einem ebenen Plätzchen unweit der Straße. Glücklicherweise herrscht nur wenig Verkehr, sodass uns die Geräusche der Fahrzeuge nicht weiter stören.

So sitzen wir gemütlich zusammen und schlemmen ein Brot, das wir in Oulu erstmalig entdeckt haben. Es erinnert an indisches Naan. Während ich es im Supermarkt gekauft hatte, wurde Cornelia von einer jungen Frau angesprochen, die wissen wollte, wie es uns in Finnland gefällt. Sie zeigte sich äußerst überrascht über Connys positiven

Worte, da ihre eigene Einschätzung eher in Richtung „Wir Finnen sind doch sehr reserviert“ ging. Uns sind die Menschen äußerst positiv und aufgeschlossen begegnet und wir freuen uns, dass wir noch so viel Zeit in diesem Land verbringen dürfen.

Senioren „auf Speed“ 74 Kilometer

9. August: Bis Vaala

Gegen Mittag starten wir in einen Tag, an dem sich Sonne und Wolken sowie Regen im steten Wechsel ablösen werden. Das Radfahren selbst gleicht einer wohltuenden Monotonie. Pedaltritt für Pedaltritt geht es in angenehmer Eintönigkeit zwischen Nadelbäumen stumm geradeaus, sehr lange. Nur zwei Mal wird unser Geschwindigkeitsfluss vom Wetter unterbrochen und wir müssen uns im Wald unterstellen und das Ende heftiger Schauer abwarten. Wo wir abends landen und ob es uns gelingt, trocken in den Schlaf zu kommen, das wissen wir tagsüber nie. Diese Ungewissheit gefällt mir am Reisen besonders gut, ich mag die Überraschung, die das freie Umherziehen mit sich bringt. Am Morgen nicht zu ahnen, was der Abend bereithält, und sich immer wieder auf neue Situationen einstellen zu müssen, bereitet mir große Freude. Grundsätzlich bin ich ein Mensch, der gern plant und eine klare Vorstellung davon hat, wohin es im Leben gehen soll. Vielleicht ist es genau das, was mich am individuellen Reisen so reizt. Daheim führe ich als Selbstständige zwar auch ein sehr flexibles Leben voller Überraschungen, bin aber in einen recht festen Rhythmus von Terminen, die teils mehr als ein Jahr zuvor feststehen, eingebunden. Möglicherweise ist das der Grund, weshalb mir Individualtouren ohne Buchungen so viel Spaß machen. Sich treiben lassen – Ja, das tut hin und wieder einfach nur gut …

Nicht gerade entspannt ist unser Fahrstil, als wir Utajärvi, eine Gemeinde rund fünfzig Kilometer südöstlich von Oulu, erreichen. Starker Regen und fieser Wind treiben uns unbarmherzig voran, während wir den Abstecher in den Ortskern machen, um uns mit Lebensmitteln zu versorgen. Im Eiltempo sausen wir auf den Parkplatz eines Supermarktes, dann direkt und zügig weiter zum Eingang, sogar noch durch die elektrischen Schiebetüren hindurch, kommen aber zum Stehen, bevor wir der Kassiererin auf den Schoß hüpfen.

Die Regenjacken sind schnell ausgezogen, zum Trocknen über die Lenker gehängt und gegen warme Fleecepullover eingetauscht. Bei Schokolade, Brot und Karjalanpiirakka warten wir den Schauer ab. Letzteres ist ein Gebäck, das aus Karelien in Ostfinnland stammt und auch als karelische Pirogge bezeichnet wird. Traditionell besteht die Kruste aus Roggenmehl und die Füllung aus Kartoffel, Reis oder Möhren. Bei unserer Variante handelt es sich um ein törtchenförmiges Teilchen aus dünnem, krossem Vollkornteig mit einer Füllung, die an ungesüßten Milchreis erinnert. Für uns ein bis dato unbekanntes, aber sehr leckeres Geschmackserlebnis – eine Zufallsentdeckung, die ich beim Einkaufen gemacht habe, weil wir sehr experimentierfreudig sind, was lokale Lebensmittel angeht.

Wie so oft nehmen wir uns viel Zeit, hocken lange im Vorraum des Marktes. Die Menschen, die vorbeigehen, mustern oft neugierig unsere bepackten Räder. Einmal bleibt ein Betrunkener erstarrt stehen und stiert uns und die Fahrzeuge lange an. Wir befürchten schon, er würde Wurzeln schlagen, bis er dann nach einer Ewigkeit doch noch stumm davontorkelt. Eine ältere Frau erreicht den Eingang per Rollator, aber nicht mühsam schiebend, sondern recht sportlich und schwungvoll, denn finnische Rollatoren zeichnen sich durch ihre außergewöhnliche

Finnischer Rollator für flinke Senioren

Bauweise aus. Der „rollaattori" erinnert an zwei zusammengeschweißte Roller und verfügt über Trittbretter, auf die sich Mann oder Frau stellen können, um – ähnlich wie bei einem Tretroller – voranzukommen. Wenn es einmal nicht bergab geht, wird im Skateboard-Stil mit einem Bein angeschoben und auf abschüssigen Abschnitten stehen dann beide Beine parallel auf den Flächen und zügig düst der finnische Senior davon. Handbremsen und kleine Reflektoren sorgen für Sicherheit, ein Körbchen für Stauraum und ein Sitz fungiert als Pausenplatz. Eine coole Erfindung, finden wir, als wir beobachten, wie sich die Frau mit wehenden weißen Haaren wieder entfernt. Ich kann nicht anders, als zu schmunzeln, bei der Vorstellung, wie mein Großvater mich in meiner Heimatstadt womöglich mit einem solchen Gefährt überholen würde, während ich gemütlich durch die Straßen spaziere.

Bei besserem Wetter mit etwas Sonnenschein befahren wir die sehr ruhige Straße 8300, bis wir auf die 22 wechseln. Der Verkehr ist auch hier erträglich und ein recht breiter Seitenstreifen ermöglicht eine gute Fahrt.

Gegen 19.00 Uhr sieht es schon wieder sehr nach Regen aus, weshalb wir uns mit dem Zelt bald im Wald auf einem weichen Bett aus Moos niederlassen. Die Pflanze bedeckt den Boden so großflächig, dass wir gar nicht anders können, als unser Lager darauf aufzubauen. Bei heißem Tee lauschen wir den wedelnden Zeltwänden und den Tropfen, die auf unsere Behausung niedergehen. Seit der Ankunft mit dem Zug in Kolari sind wir – bis auf die Nacht im B&B – vierundzwanzig Stunden am Stück an der frischen Luft. Wir beide fühlen uns sehr lebendig, gesund und fit. Ich muss an eine Reisende denken, deren Buch ich vor meiner Abreise gelesen habe. Die Frau ist eine Langstreckenwanderin, die sich überwiegend in der Natur aufhält – tagsüber, nachts, bei härtesten Witterungsbedingungen. Auf die Frage, ob sie dabei nicht ständig krank werde, berichtete sie in einem Interview, sie erkälte sich nur, wenn sie auf Zivilisationsbesuch in der Heimat sei – selten aber an der frischen Luft auf Reisen. Diese Erkenntnis können wir teilen, denn auch wir strotzen vor Vitalität, fühlen uns unglaublich gut. Lange liegen wir heute noch wach, lauschen dem Wind und Wasser, fühlen uns pudelwohl in unserem warmen Kokon, in dem wir in erfüllender Tatenlosigkeit ruhen. Kein Telefonklingeln, keine Polizeisirenen, nicht einmal Radiomusik oder TV-Klänge zu vernehmen, ist Balsam für die Seele. Weder lesen wir etwas, noch reden wir miteinander. Wir genießen das Nichtstun und sind einfach nur da …

Die finnische Sintflut 70 Kilometer
10. August: Vaala bis Jormua

Die ersten zwanzig bis dreißig Kilometer legen wir auf der Straße 22 recht zügig zurück, bis sehr dunkle Wolken aufziehen. Wir stoppen an einem fantasievollen Wegweiser – ein altes Fahrrad mit einem Milchkännchen am Lenker und einem Blechschild mit der Aufschrift „Kesä Kahvila“ am Rahmen. Es verweist auf ein Sommercafé, das sich in Form eines Wohnwagens mit Pavillon und Plastikstühlen wenig unterhalb auf einer Parkfläche befindet. Auch wenn die Jahreszeit passt, so ist hier leider alles dicht und niemand in Sicht. Ein banger Blick zum Himmel lässt uns dennoch innehalten.

„Ich glaube, das geht gleich richtig los“, äußere ich meine Befürchtungen. Ich habe ein recht zuverlässiges Näschen, wenn es ums Wittern von Regen geht, und Cornelia, die das weiß, stimmt einer Pause sogleich zu. Wir können die Räder gerade noch abstellen, uns zwei Stühle unter dem Partyzelt zurechtschieben, da bricht es auch schon über

Kreative Beschilderung

uns herein. Ein Unwetter, wie wir es hier noch nie erlebt haben, geht nieder. Der Parkplatz verwandelt sich in Windeseile in einen Sturzbach und die Überdachung kann den Massen kaum standhalten. Dicke Blasen sammeln sich auf dem Pavillon und stürzen immer dann, wenn die Wassermassen zu groß werden, sintflutartig hinab. Wir ziehen die Beine ein, bis ganz nah an den Oberkörper, umklammern die Knie, auch um uns zu wärmen. Kein Wald hätte uns vor diesem Wolkenbruch schützen können. Was für ein Glück, dass wir ein Dach über dem Kopf haben! Für den Motorradfahrer, der sich nach einer knappen halben Stunde zu uns gesellt, ist es zu spät. Klitschnass trifft er mit seiner Maschine ein. Leider spricht er nur sehr wenig Englisch, sodass wir lediglich erfahren, dass er aus Kuopio – einer unserer bevorstehenden Stationen – stammt und sich gerade auf dem Rückweg in die Heimat befindet.

Völlig durchgefroren machen wir uns nach gut einer Stunde wieder auf den Weg. Sonnenstrahlen spiegeln sich in den Pfützen und der Geruch von nassem Asphalt steigt uns in die Nasen. „Es regnet, es regnet, die Erde wird nass!“, dudelt mir das Kinderlied aus dem neunzehnten Jahrhundert durch den Kopf. Ich glaube, der vertraute Duft von feuchten Straßen und Gehwegen, die langsam in der Sonne trocknen, ist etwas, das viele bereits in ihrer Kindheit kennenlernen. Die Erinnerung, wie ich als kleiner Knirps in Gummistiefeln durch Wasserlachen hüpfte, wird angesichts dieses Geruchs lebendig.

Noch etwa dreizehn Kilometer lang rollen wir gedankenversunken voran, bis wir Paltamo – eine Dreieinhalbtausend-Seelen-Gemeinde mit Supermarkt – erreichen. Dort pausieren wir im Vorraum, lassen uns von Omis und Betrunkenen ansprechen. Wir verstehen sie nicht, was auf Gegenseitigkeit beruht. Aber das ist ihnen vollkommen egal. Sie scheinen einfach so begeistert zu sein, dass sie sich mit uns unterhalten müssen, auch wenn das überhaupt nicht funktioniert und wir die ganze Zeit nur grinsen, nicken und immer mal wieder „Saksa, Deutschland“ brummeln.

Etwa fünfzehn bis siebzehn Kilometer hinter Paltamo nehmen wir den Abzweig nach Jormua, um den Weg auf einer ruhigen pistenähnlichen Straße fortzusetzen. An einem der ersten Häuser fragen wir mit Erfolg nach Wasser und stellen danach, wenige Kilometer entfernt, auf einer offenen Fläche das Zelt auf. Die Sonne kommt heraus und wir genießen ihre wärmenden Strahlen, so als hätte sie ewig nicht geschienen. Unsere Behausung ist in Windeseile vollständig getrocknet und unsere Gemüter von Glücksgefühlen durchströmt. Ja, die Formel ist simpel: Regen = doof, Sonne = Glück!

Gänsehaut und steife Finger 70 Kilometer

11. August: Jormua - Sukeva

Regen = doof, und das beim Aufwachen gegen halb neun Uhr. Seit ungefähr sechs Uhr gießt es ohne Unterlass, sodass wir im Zelt frühstücken. Immer wieder schauen wir nach draußen, richten unsere bangen Blicke zum Himmel, der ein einheitlich graues Kleid trägt. Die Wolken sind nicht wie sonst in Bewegung, sondern hängen als undurchdringliche Wand über uns fest. Das sieht nach Dauerregen aus und weiteres Abwarten scheint wenig zu bringen. Missmutig drücken wir das klitschnasse Zelt in seinen Sack, schnallen es fest und radeln los.

Ab Jormua folgen wir wieder der E63 bis Kajaani. Die Stadt ist größer, verfügt sogar über einen Flughafen und wir sind guter Dinge, das ersehnte Fastfood-Restaurant zu finden. Ich träume nämlich schon kilometerlang von einer heißen Schokolade und warmen Apfeltaschen, während Cornelia sich auf Cheeseburger freut. Unsere Blicke suchen das gelbe M, können jedoch keines ausmachen. An der Touristenformation erkundigen wir uns sogar gezielt danach, so groß ist die Sehnsucht nach den erhofften Lekkerbissen.

Stolz erzählt mir die Mitarbeiterin: „Wir sind die einzige Stadt in Finnland, die kein McDonald's-Restaurant hat."

Meine Mundwinkel sausen nach unten.

„Im vergangenen Jahr sollten wir eigentlich eines bekommen, aber wir haben uns erfolgreich dagegen durchgesetzt", berichtet sie freudig.

„Glückwunsch", erwidere ich lahm und will wissen, ob sie mir Kartenmaterial aushändigen kann. Aufgrund des Verkehrs wollen wir nur ungern der E63 Richtung Süden nach Sukeva und weiter nach Iisalmi folgen und suchen deshalb detaillierte Umgebungskarten, auf denen vielleicht Alternativstraßen zu erkennen sind.

„Ich habe weder Karten, noch kann ich euch eine Empfehlung geben, ihr werdet wohl der E63 folgen müssen, wenn ihr weiter südlich wollt“, teilt sie mir ihr (Nicht-) Wissen mit.

„Super“, bringe ich schwach hervor.

Dann beantwortet sie meine letzte Frage, nämlich die nach den Wetteraussichten für die kommenden Tage.

„Ach, es bleibt erst einmal so nass und wird viel regnen, eine Besserung ist gerade nicht in Sicht.“

„Großartig“, brumme ich, schlurfe zu Cornelia und überbringe ihr die unerfreulichen News. Wenigstens soll es – dies hatte mir die Frau noch hinterhergerufen – mehrere Campingplätze auf unserer Route geben, sodass wir uns auf einen trockenen Raum und eine heiße Dusche freuen können.

Dennoch ist es eine Qual, das warme Gebäude zu verlassen. Wir schleichen frierend zu den Rädern und mit steifen Fingern klicke ich meine Lenkertasche fest, reibe mit den Handflächen über die halbnackten Beine, deren Oberfläche sehr an Raufasertapete erinnert. Dann schwingen wir uns auf die Sättel und freuen uns zum ersten Mal über Steigungen, da wir dadurch schnell warm werden. Emsig kriechen wir sie hinauf und sind überglücklich, als der Regen eine Pause einlegt. Der Verkehr ist mäßig und ein meist sehr breiter Seitenstreifen ermöglicht uns ein sicheres Vorankommen.

Mit einem ganz besonderen Geschenk, das besser als jede Apfeltasche ist, werden wir belohnt, während wir uns auf einer hohen Eisenbahnbrücke befinden. In weiter Ferne entdecken wir doch tatsächlich einen Elch. Das riesige Tier steht nah an den Schienen. Trotz der immensen Distanz imponiert uns seine majestätische Erscheinung. Beeindruckt halten wir inne, beginnen aber bald damit, die Kamera hervorzuholen. Gerade, als ich nach dem Teleobjektiv greife, macht sich der größte Hirsch seiner Art aus dem Staub. Angucken ist offensichtlich okay, Fotos sind unerwünscht. Wir akzeptieren dies und sind auch ohne Erinnerungsbild glücklich über diese Begegnung.

Das Wetter bleibt gut, sogar die Sonne kommt zaghaft heraus. Für uns ist es zu früh, um schon für die Nacht anzuhalten, dennoch wollen wir die Chance nutzen, das Zelt trocknen zu lassen. Von den ach so zahlreichen Campingplätzen haben wir bisher nämlich keinen unmittelbar auf unserer Route ausmachen können.

An einer Straße entdecken wir ein Restaurant mit großem Parkplatz, dessen Asphalt trocken ist. Wir sind guter Dinge, das Zelt hier schneller als in jedem schattigen Wald auf nassem Untergrund von der Feuchtigkeit befreien zu können, und bauen es auf. Während es im sanften Wind vor sich hin schaukelt, auch mal kippt und sich auf den Kopf stellt, genießen wir heiße Getränke im Restaurant. Endlich Schokolade in Flüssigform! Da meine Füße nass sind, schlüpfe ich aus den Turnschuhen, streife mir auch die Socken dezent ab. Nach einer halben Stunde hat sich ein Trockenerfolg eingestellt – sowohl bei unserer Behausung als auch an unseren Körpern.

Eine weitere halbe Stunde Radfahrt später finden wir gegen 20.30 Uhr einen geschützten Platz im Wald. Der voranschreitende Sommer und unser südwärts gerichteter Kurs spiegeln sich mittlerweile unverkennbar in den Lichtverhältnissen wider. Heute brauche ich meine Stirnlampe, um Notizen anfertigen zu können.

Jogginghose und ne Buddel Rum 71 Kilometer

12. August: Sukeva bis hinter Iisalmi

Als wir um halb zehn Uhr erwachen, ist es draußen zwar windig, aber trocken. Wir breiten unsere Plane inklusive Frühstücksbuffet auf der Pistengabelung aus, an deren Waldrand wir in der vergangenen Nacht gecampt haben. Es handelt sich um Straßen, die breit genug für Autoverkehr sind. Allerdings ist hier nichts los, sodass wir unmittelbar an der Einmündung zu einem schmaleren Kiesweg ungestört essen können. Wir haben zuvor die Heringe des Zelts entfernt und es aus dem angrenzenden Waldstück, in dem wir nächtigten, hinausgetragen. Nun tänzelt es also unbefestigt neben uns her, wirft die Feuchtigkeit der Nacht aber aufgrund des Windes vollständig von sich. Eine besonders starke Böe reißt es auf einmal mit sich. Reflexartig schnelle ich hoch, will es einfangen und stürze dem fliegenden Gegenstand hinterher, kann ihn aber nicht einholen. Dankenswerterweise ist mir ein Baum behilflich und hält unseren wich-

Frühstück: Gestärkt in den Tag

tigsten Ausrüstungsgegenstand auf, sorgt aber auch dafür, dass er festhängt. Ähnlich wie die Putzhilfe Frau Kleinert in Loriots „Pappa ante Portas“ am Deckbett zerrt, welches beim Lüften aus dem Fenster in die Hecken gestürzt war, ziehe nun auch ich an unserem Camp. Anstatt mir behilflich zu sein, lacht sich Cornelia über meine hilflosen Versuche, das Zelt zu befreien, tot. Dann schießt sie Fotos.

Wind kommt beim Radfahren ja grundsätzlich von vorn und davon gibt es heute besonders viel. Wir quälen uns voran, müssen treten, auch wenn es bergabwärts geht, und brauchen für dreißig Kilometer geschlagene drei Stunden – nicht die beste Durchschnittsgeschwindigkeit, die wir da heute auf den Asphalt bringen. Wir entdecken dabei noch Campingplätze und können nun wenigstens verstehen, wovon die Frau aus dem Touri-Büro in Kajaani gesprochen hat.

Kurz vor Iisalmi zieht sich der Himmel zu. Gerade rechtzeitig finden wir Unterschlupf an einer Bushaltestelle mit Bank. Nicht genug damit, dass es regnet, dieses Mal hagelt es sogar. Beachtliche Eiskörner knallen auf die Erde und während vor unseren Nasen die Welt untergeht, teilen wir uns die letzten kläglichen Überreste unseres Proviants. Das Verhältnis zwischen Brotmenge und verfügbarem Belag ist so unausgewogen, dass wir die kleinen runden Salamischeiben von einer Ecke des Schnittchens in die nächste schieben, nur um bei jedem Bissen eine minimale Menge an Wurst zwischen die Zähne zu bekommen. Ein Freund von uns bezeichnet das als „Schiebewurst“.

Gegen 15.00 Uhr haben wir es dann geschafft und das Zentrum von Iisalmi erreicht. Es handelt sich um ein Zweiundzwanzigtausend-Einwohner-Städtchen, in dem wir unbedingt stoppen wollen, um dem Tipp meines Finnlandkenners zu folgen. Es soll hier nämlich das kleinste Restaurant der Welt geben, mit Platz für zwei Personen.

Ziemlich schnell fragen wir uns dorthin durch und betrachten das „Kuappi“, im Hafen des Ortes gelegen, zunächst von außen, da es verschlossen ist. Das ockerfarbene winzige Holzhaus wirkt unscheinbar, lädt aber an warmen Tagen mit einer Sitzgelegenheit auf einer kleinen Terrasse ein. Von dort aus blicken die Gäste aufs Wasser. Wir wollen gern wissen, wie es von innen aussieht, und gehen in ein größeres Gebäude, das sich als Mutter-Restaurant des kleinen Ablegers entpuppt.

„Ihr habt Glück, es kommen nämlich gleich Gäste und ich kann es euch gern vorher noch schnell zeigen“, bereitwillig greift die freundliche Kellnerin nach einem Schlüssel, wir folgen ihr nach draußen.

Kurz darauf finden wir uns in einem wirklich kleinen Raum mit Tisch, zwei Stühlen, einem Bartresen, einem uralten Ofen und einem Wandregal voller Miniaturflaschen mit alkoholischem Inhalt wieder. Das Speisenangebot sei das gleiche wie im Hauptrestaurant, da das Essen von dort hinübergetragen werde, klärt uns die Mitarbeiterin auf. Wäh-

Das kleinste Restaurant der Welt

Perfekter Kälteschutz: Modische Jogginghose und Rum

rend wir Fotos und Videos machen, warten zwei Frauen auf Eintritt. Es sind die beiden, die reserviert haben. Ich frage sie, woher sie kommen, und erfahre, dass sie in Jyväskylä, einer Universitäts- und Schulstadt in Mittelfinnland, leben. Sie sind gerade auf kleiner Rundreise durchs Land, hatten von dem Lokal gehört, wollten eigentlich erst am folgenden Tag hier speisen, bekamen aber keine Plätze mehr. Von der Kellnerin höre ich, dass ein kurzer Anruf für die Reservierung genüge und es eigentlich nicht allzu schwer sei, einen freien Tag zu erwischen.

Bevor wir Iisalmi verlassen, kaufen wir ein – dieses Mal allerdings etwas mehr als nur die üblichen Lebensmittel. In den letzten Tagen ist es bedeutend kälter geworden und meine Schlafhose, eine Leggings, reicht mir nicht mehr aus. Wir werden schnell fündig und entdecken eine schlumpfblaue Jogginghose für weniger als zehn Euro – unfassbar für ein solch ansehnliches Kleidungsstück! Dann kaufen wir in einem Alko eine winzige billige Flasche Rum für sieben Euro, lassen bei einer Kaffeepause ein paar Packungen mit

Würfelzucker mitgehen und freuen uns auf eine oder auch mehrere Tassen Grog im Zelt.

Auf der Suche nach einer ruhigen Straße Richtung Kuopio – unseren nächsten größeren Zielort – erkundigen wir uns in einem Kiosk am Busbahnhof. Die Frau hinter dem Tresen mustert mich und hakt nach: „Sie suchen nach einer Busverbindung nach Kuopio?“

Ich schüttele den Kopf: „Nein, wir wollen per Rad dorthin; fahrend“, setze ich nach.

„Was?“, vollkommen entsetzt mustert sie mich und fügt hinzu, „Bis Kuopio sind es etwa neunzig Kilometer!“

Komisch, die Finnen gelten als so sportlich und naturverbunden, dennoch sind sie immer wieder vollkommen aus dem Häuschen, wenn sie von unserer Tour hören.

„Ja, wir fahren aus eigener Kraft und dies bereits seit dem Start in Kolari“, füge ich stolz an. „Heute haben wir sogar die Eintausend-Kilometer-Marke geknackt.“

„Wow! Kaum zu glauben! Das wäre nichts für mich, ist aber wirklich eine starke Leistung“, zeigt sich die Dame schwer beeindruckt.

Mit einer Straßenempfehlung kann sie mir dann zwar nicht weiterhelfen, dafür füllt sie die Wasserflaschen auf und überschüttet mich mit Viel-Glück-Wünschen.

An einem Kreisverkehr nahe des Busbahnhofs und einer Tankstelle biegen wir letztendlich rechts nach Kuopio ab und entdecken einen beschilderten Radweg. Das Wetter hält sich, aber die Kälte steigert sich so sehr, dass wir teilweise unseren Atem sehen können. Bin ich froh über das neue Anti-Frost-Package, bestehend aus Jogginghose und Rum! Es ist nicht die stilvollste Lösung gegen die Temperaturen, aber wer kann schon von Geschmack sprechen, solange er auf Straßen und in Wäldern lebt und Mücken seine „besten Freunde“ sind …

Kurz bevor wir für heute Schluss machen, wollen wir die Wasservorräte noch einmal komplett auffüllen lassen. Ich warte an den Fahrrädern, während Cornelia herzlich von einer Frau um die sechzig empfangen wird. Ich sehe, wie meine Freundin eintreten muss. Wenig später kehrt sie zurück und erzählt mir, dass sie Essen angeboten bekam und die Dame sie sehr lange und herzlich umarmte, nachdem sie erfahren hatte, was für eine Tour wir bewältigen.

„Sie hat sich sogar bei mir bedankt, wofür auch immer …“, berichtet mir Conny.

So langsam fühlen wir uns hier wie zwei echte Heldinnen!

Hinter Lapinlahti verlieren wir dann wenig heroisch den Radweg, finden aber einen guten Zeltplatz im Wald. Mein neues Kleidungsstück sitzt wie angegossen und schmeichelt meiner Figur ungemein. Wir hören auf zu frieren, als wir den ersten Grog mit Zucker genossen und ausgiebig gegessen haben. Mit einem kleinen Drehwurm im Kopf nicken wir ein …

Kleider machen Leute — 70 Kilometer

13. August: Hinter Iisalmi bis Kuopio

Bei Gegenwind und Starkregen versuchen wir zunächst herauszufinden, wo der Radweg vom Vortag hin verschwunden ist. Niemand kann uns weiterhelfen, sodass wir beschließen, die Suche aufzugeben und auf der Straße zu bleiben.

Mühsam quälen wir uns voran, ich zähle die Tropfen an meiner Helmkante, komme aber bald nicht mehr hinterher. Immer, wenn uns ein Auto überholt, klatscht das Wasser wie eine schallende Ohrfeige ins Gesicht. Einmal schlucke ich unfreiwillig eine Ladung, die ein LKW aufwirbelt. Das Polster meiner Radlerhose ist so durchnässt, dass ich meinen könnte, eine nasse Windel zu tragen. Herrlich! Ich frage mich, was die vorbeifahrenden Wagenlenker wohl so über uns denken mögen, und komme zu dem Schluss, dass es sich zwischen „Die Mädels sind ja knallhart und wie kann man nur so dumm sein?!“ bewegen muss. Wie war das mit dem finnischen „sisu“? Davon haben wir heute ganz viel. Von der Umgebung sehen wir kaum etwas, nur einen nassen Schleier, der schwer über dem Asphalt hängt. Tapfer überstehen wir die ersten dreißig Kilometer ohne Rast, um dann in Siilinjärvi zu pausieren. Bis auf Schokolade vermissen wir heute noch einen weiteren Gegenstand: Warnwesten. Wir schwören uns, bei der nächsten Tour daran zu denken, es wäre einfach sicherer.

Der Supermarkt ist Teil eines Shoppingcenters, was uns zunächst einen Besuch auf dem WC ermöglicht. Dort tausche ich meine „triefende Windel“ gegen die blaue Jogginghose – optisch nicht unbedingt eine Verbesserung, aber dem Wohlbefinden hilft's. Cornelia hat uns in der Zwischenzeit eine Sitzbank an den Schiebetüren vor den Kassen gesichert.

„Willst du dich nicht auch umziehen?“, stoße ich zu ihr und mustere ihre dreiviertellange Radlerhose.

„Nein, ich habe eine bessere Idee, die mich davor bewahrt, später in die nasse Kleidung zurückzumüssen“, kündigt meine Freundin an.

„Aha. Was hast du denn vor?“, will ich wissen.

„Moment“, Cornelia verschwindet kurz und kehrt sogleich mit einem Stapel Zeitungen zurück. Dann faltet sie diese auf, legt die Bank unter sich mit einigen Bögen aus, nimmt wieder Platz und umwickelt ihre Beine vollständig mit dem Papier.

Neugierig mustere ich sie. „Das hilft?“

„Und wie!“, gibt sich meine Freundin überzeugt und fügt an, „Außerdem wärmt es.“

Ich setze mich zu ihr, streife meine Schuhe ab, stopfe sie mit Zeitungspapier aus und lege meine nassen Strümpfe über die Lehne der Bank. Da sind wir nun: Zwei Radlerinnen, die eine gut verpackt in finnischen Gratiszeitungen, die andere in modischer Jogginghose mit nackten Zehen. Meine Haare sind zwar leicht feucht, aber der Helm hat zumindest den Oberkopf vor Schlimmerem bewahrt – was die Nässe betrifft, nicht aber die Optik. Ja, meine Frisur hat schon bessere Tage gesehen, aber das ist mir egal, denn ich freue mich, dass wir im Trockenen sitzen und uns aufwärmen können. Die Außentemperatur schätzen wir auf fünfzehn Grad Celsius, in Kombination mit dem Regen erschien es uns beim Radeln sogar noch kühler. Je länger wir hier ausharren – umgeben von leeren Provianttüten – umso häufiger fällt uns auf, dass uns die vorbeilaufenden Menschen ansehen – nicht wie sonst bewundernd, wenn sie uns und die Räder sehen, sondern irgendwie abschätzig, vielleicht sogar angewidert. Die verächtlichen Blicke einer Frau mustern uns von oben bis unten. Bei meinen Füßen angekommen, meine ich, sie würde meine zehn Zehen allesamt zählen, so genau scannen ihre Augen diese ab. Die Frau gibt sich überhaupt keine Mühe, unauffällig hinüber zu schielen. Dann verharrt ein Kind offenen Mundes vor uns, observiert mit unschuldiger Neugier, bis es von seinem Vater weitergezerrt wird. Eine andere Supermarktbesucherin zieht ihre Augenbrauen hoch, als sie uns erblickt. Komisch! Was ist denn heute nur los? Ich erhebe mich und zücke mein Handy, um ein Foto vom Plätzchen zu machen. Cornelia lächelt in die Kamera. Wir schauen es uns an und beginnen zu verstehen, weshalb uns so viele Leute beäugeln. Die Fahrräder stehen weit von uns weg, im Vorraum des Marktes, sodass eine Zuordnung zu uns auf den ersten Blick nicht möglich ist. Es bietet sich also ein Motiv aus Unmengen an Zeitungspapier, Plastiktüten, die wild auf dem Boden und auf der Bank verstreut liegen, nassen Socken und eben zwei Frauen mit ruinierten Frisuren, in Jogginghose beziehungsweise mit papierumwickelten Beinen. So betrachtet, erinnern wie schon irgendwie an Landstreicherinnen – das muss ich zugeben.

Cornelia nimmt mein Handy und zoomt zu sich heran. „Ich finde es gar nicht so schlimm und es ist noch lange kein Grund, uns dermaßen herablassend anzugaffen!“, echauffiert sie sich.

„Da hast du recht, aber wir sehen schon ziemlich mitgenommen aus, umgeben von diesem Zeug“, deute ich auf das Meer an Kunststoff und Papier, das uns umgibt, zeige dann auf meine unbekleideten Füße und Cornelias Zeitungsbeine. „Findest du nicht?“, setze ich nach.

„Es sind doch nur Zeitungen, welche die Feuchtigkeit aufsaugen sollen, und Beutel mit Lebensmitteln – mehr nicht!“ Cornelia schiebt einen verrutschten Werbeprospekt zurück auf ihren Oberschenkel.

Meine Einschätzung, unsere Gesamterscheinung betreffend, fällt zwar etwas kritischer aus als die meiner Freundin, aber dennoch muss auch ich einräumen, dass die Abneigung, die vielen Menschen hier aus dem Gesicht spricht, unangemessen, aber leider wahr ist. Nicht umsonst heißt es „Kleider machen Leute“. Dass das so ist, verwundert uns nicht, ist ja nichts Neues. Diese Erfahrung jedoch am eigenen Leib zu machen, ungewollt und auch nur, weil wir Opfer des Wetters geworden sind, ist interessant, aber auch traurig und irgendwie doch ein wenig unerwartet … Ja, der Fall ist tief: Von den gefeierten Heldinnen zu zwei mitgenommenen Erscheinungen, die auf pure Ablehnung stoßen. Wieder läuft ein Pärchen vorbei und signalisiert stumm, aber eindeutig, was es von uns hält. Cornelia schüttelt entrüstet den Kopf und erhebt sich: „Komm, lass uns weiterziehen, bevor uns noch jemand einen Euro hinwirft!“

Gegen 16.30 Uhr sind wir wieder auf dem Radweg nach Kuopio, verfehlen ihn aber bald schon, da Wegweiser uns in ein Wohngebiet geleiten. Es gibt hier mehrere Radwege, aber alle sind gleich gekennzeichnet. Kein Wunder, dass wir uns da verfahren! An einer Garage fragen wir bei einem Mann nach, der weiterhelfen kann. Die folgenden gut zwanzig Kilometer bewältigen wir dann nebeneinander fahrend und plaudernd auf einem Radweg, der uns 18.00 Uhr in Kuopio ankommen lässt.

Mit mehr als einhundertsiebentausend Einwohnern ist sie die achtgrößte Stadt des Landes. Sie liegt auf einer Landzunge im Kallavesi-See und an der Schnittstelle wichtiger Land- und Wasserwege. Die Umgebung erscheint rau und unbarmherzig. Bei noch immer peitschendem Regen und Gegenwind kämpfen wir uns über eine Brücke und erblicken nichts weiter als eine verschleierte, von schäumenden Wellen überzogene, graue Wasserlandschaft.

Es gelingt, zu einer flinken Joggerin aufzuschließen, der das Wetter offensichtlich nichts weiter ausmacht und die uns den Namen eines Campingplatzes nennt sowie die Richtung weist. Das Ferienzentrum „Rauhalahti" soll neben vielen Annehmlichkeiten auch Unterschlupf für Camper bieten. Leider liegt es etwa fünf Kilometer außerhalb des Zentrums, in dem wir uns noch nicht einmal befinden, und bedauerlicherweise ist der Weg dorthin unglaublich schwer zu beschreiben.

„Oh, das ist kompliziert", hören wir von einer Frau mit Regenschirm. „Fahrt mal dort entlang", deutet sie dann die Richtung. „Ganz schwer zu erklären", geht es weiter mit den Worten einer US-amerikanischen Studentin, die hier ihr Auslandsjahr absolviert. Hilfsbereit zeichnet sie uns den Weg auf ein Stück Papier und vergleicht mit der Karten-App auf ihrem Smartphone. In einem Wohngebiet lädt ein Pärchen um die sechzig gerade einen Großeinkauf aus dem Auto. „Nicht so einfach, dort hinzukommen", erklärt der Mann mit dem Toilettenpapier unter dem Arm und schickt uns nach bestem Wissen und Gewissen weiter. Ein Herr, der mit seinem Hund Gassi geht, hält nach einigen Minuten des Überlegens noch eine Fußgängerin an. Dank ihres Handys erfahren wir die folgenden Schritte, während sich der Hund ausgiebig an meinen Beinen reibt. Es geht weiter bis zur nächsten Person, die uns aufgrund fehlender gemeinsamer Sprachbasis per Pantomime hilft. Als wir endlich einen Wegweiser nach Rauhalahti gefunden haben, sind wir ziemlich erschöpft. Eine Baustelle führt uns dennoch erneut in die Irre und raubt uns den letzten Nerv.

Nach geschlagenen eineinhalb Stunden haben wir das Labyrinth bezwungen und stehen an der Rezeption eines Fünf-Sterne-Campingplatzes, wo wir eine Entscheidung treffen, die uns vollends für die Mühen des Tages entschädigen soll: Für gut dreißig Euro pro Nacht buchen wir eine Holzhütte, ein „mökki", wie es auf Finnisch heißt. Es gibt sie in verschiedenen Größen und Luxusklassen. Wir können auf Kabel-TV, Bettwäsche, Küche und eigenes Bad verzichten und wählen deshalb die kleinstmögliche Behausung. Nachdem dann auch eine der Saunen sowie eine Waschmaschine reserviert sind, fühlen wir uns wie Königinnen – anders als noch vor einigen Stunden im Supermarkt.

Das Wohlbefinden steigert sich ins Unermessliche, als wir die Heizung unserer winzigen Unterkunft auf volle Leistung gedreht, die nassen Sachen vom Leib gestreift, aufgehängt haben und bei einer heißen Tasse Tee mit einem Schuss Rum sitzen. Innerhalb weniger Minuten hat sich unser kleines Holzhäuschen, in dem es ein Doppelstockbett, ein winziges Fenster und einen Tisch mit zwei Hokkern gibt, eine echte Wohlfühltemperatur erreicht. Bereits

Unsere gemütliche Holzhütte

gut vorgewärmt schlendern wir in die Sauna, die wir exklusiv für fünfzig Minuten zum Pauschalpreis von achtzehn Euro nutzen dürfen. Jede Sekunde kosten wir aus, würden am liebsten ewig bleiben, freuen uns aber auch auf unser gemütliches Zuhause, dessen Temperatur der in der Sauna wahrscheinlich in nichts mehr nachsteht.

So ist es auch … Die Wärme schlägt uns förmlich entgegen, als wir die Tür öffnen und unter den nassen Sachen auf unserer provisorischen Wäscheleine hindurch zum Tisch kriechen. Wir sind glücklich, lächeln uns nur noch an und können gar nicht fassen, dass der Wunsch, der heute den gesamten Tag über in uns wuchs, wahr geworden ist. Etliche Male habe ich mir vorgestellt, wie wir in einer wohligen festen Behausung unterkommen und uns in einer Sauna wärmen können. Der Gedanke daran hat mich vorangebracht, Kilometer für Kilometer, Regentropfen für Regentropfen und Windstoß für Windstoß.

20 Kilometer

Kirchen, Museen und Quietschkäse

14. August: Kuopio

Die Besichtigung der Stadt ist ganz entspannt möglich, da fast alles, was wir uns anschauen wollen, gut zu Fuß erreichbar ist. Wir schließen die Räder an und starten den Rundgang am Marktplatz mit dem Rathaus, einem stattlichen Bau im Stil der Neurenaissance, der dort schon seit 1884 steht. Der Platz trägt seinen Namen nicht grundlos, denn hier befindet sich die Jugendstil-Markthalle, die allerdings erst für den folgenden Tag auf unserem Plan steht. Wir wollen uns nämlich vor der Weiterfahrt mit einer einheimischen Spezialität stärken. Doch heute führt der Weg erst einmal zur lutherischen Domkirche, 1815 nach den Plänen des Stockholmer Architekten Pehr Wilhelm Palmroth errichtet. Sie ist nicht zu übersehen, in heller Grundfarbe gehalten mit flikkenartig verbauten Steinen. Anschließend geht es ins Fotografiezentrum in der Kuninkaankatu – „katu" ist finnisch

Rathaus in Kuopio

Fotografiezentrum

für Straße. Es bietet eine Sammlung von Werken nationaler und internationaler Fotografien und wartet aktuell mit einer umfangreichen Ausstellung zu Ureinwohnern aus verschiedenen Regionen auf. Dann wollen wir zum Holzhausviertel aus dem achtzehnten und neunzehnten Jahrhundert, was aber leider geschlossen hat, sodass wir uns nach einer Eiscreme- und Kaffeepause auf die Räder schwingen und uns zum beliebtesten Ausflugsziel der Stadt, einem Aussichtsturm, begeben.

Im dritten Gang quälen wir uns den Puijo-Hügel hinauf und haben, dort angekommen, jede Kalorie des Eises vermutlich vollständig verbrannt. In Erwartung eines fantastischen Rundblicks steigen wir den fünfundsiebzig Meter hohen Turm hinauf und genießen eine atemberaubende Sicht auf Stadt, Umland und den Kallavesi-See. Wir haben riesiges Glück mit dem Wetter und erfreuen uns am Anblick grüner Inseln, die wie vom Himmel geworfen, im Wasser verstreut liegen. Kuopios Lage auf einer Halbinsel sorgt dafür, dass wir uns an der blau-grünen Landschaft ungestört sattsehen können. Die Temperaturen sind selbst hier oben angenehm und wir halten es lange aus, lassen uns die Höhenluft um die Nasen wedeln.

Zurück auf dem Boden erfahren wir von der Ticketfrau, dass unser Gefühl nicht trügt: Im Norden des Landes ist es in diesem Jahr teils wärmer als im Süden, was ungewöhnlich ist, wie sie erklärt. Für die kommende Woche sei aber ein weiterer Temperaturanstieg zu erwarten, werden wir aufgemuntert, bevor es zurück in Richtung Stadt geht, bergab, versteht sich. Leider kann ich dies überhaupt nicht genießen und verliere Cornelia bald schon aus den Augen, weil ich ernsthafte Zweifel an der Dicke meiner Bremsbacken hege. Die Griffe sind fast auf Anschlag, bis sich etwas tut und sich mein Tempo verringert. Vorsichtig rolle ich also hinab und versuche, nicht zu schnell zu werden. An einer Ampel treffe ich auf die wartende Cornelia und kündige an: „Bevor wir Kuopio verlassen, müssen wir in eine Fahrradwerkstatt und meine Bremsen nachstellen lassen."

Sie nickt. Mal wieder vergeht eine Schweigeminute, in der wir andächtig an unseren roten Beutel denken. Dieser

Weiter Blick vom Aussichtsturm

ist übrigens bisher nirgendwo gefunden worden, wie ich in mehreren Anrufen zu verschiedenen Zeitpunkten im Fundbüro der Bahngesellschaft hören musste. Wir haben uns damit abgefunden, dass er wohl nicht wieder auftauchen wird. Aber sein Verlust hat uns einfallsreich gemacht: Einmal ließen wir die Fahrradketten an einer Werkstatt für Schneemobile nachfetten, ein anderes Mal in einem Laden, der zu einer Tankstelle gehörte. Auf diese Weise kamen wir immer wieder in netten Kontakt mit Einheimischen, die sich von unserer Tour begeistert zeigten. Und ein bisschen Lob tut ja immer gut …

Die Nikolauskirche im Pilspanpuisto-Park, der wir nach der Turmbesteigung einen Besuch abstatten, ist ein orthodoxes Gotteshaus mit grünen Dächern samt Zwiebeltürmchen. Es wurde 1903 eingeweiht. Nachdem wir durch die Grünanlage spaziert sind, an deren südöstlichem Ende sich das Bauwerk befindet, steuern wir den Passagierhafen an. Er gilt als der wichtigste im Saimaa-Seengebiet und beherbergt die größte Ausflugsdampferflotte Finnlands. Die teils sehr alten Schiffe, aber auch Cafés mit Terrassen laden zum Schlendern und Entdecken ein. Bei Sonnenschein und achtzehn Grad Celsius genießen wir den Ausflug, der zum Abend noch in ein besonderes Highlight mündet: Da heute Sonntag ist und wir uns auf eine weitere Nacht in der urigen Hütte freuen, decken wir uns mit besonders vielen Köstlichkeiten ein. Die Süßigkeiten stellen wir an einer kompletten Regalfront mit transparenten Schubfächern selbst zusammen, gönnen uns finnisches Bier und Quietschkäse. Letzterer ist unter dem finnischen Wort „Leipäjuusto“ auszumachen, was so viel wie Brotkäse bedeutet. Grund ist seine Optik, die an eine angebrannte Brotscheibe erinnert. Genauso wie Grillkäse quietscht auch dieser zwischen den Zähnen. Normalerweise wird er aus der ersten Milch, die eine Kuh nach dem Kalben gibt, hergestellt. Da die Landesbewohner ihn aber in viel größeren Mengen essen wollen, als die Tiere Nachwuchs hervorbringen können, wird dieser Part des Herstellungsprozesses nicht mehr so ernst genommen. Man genießt den Käse gern mit Moltebeeren, Kaffee oder Salat. Wir probieren ihn pur und auf Brot, sind begeistert, auch wenn er geschmacklich eher schwach ist. Vielleicht liegt es am Quietschen, weshalb auch wir so auf ihn stehen.

Zuhause angekommen, machen wir es uns gemütlich und halten für heute fest: Kuopio ist ein sehenswerter Ort, nach dessen Erkundung wir auf dem gepflegten Campingplatz am Wasser und erneutem Saunabesuch, ganz wunderbar bei viel Zucker und Bier den Tag ausklingen lassen können …

Klein, aber fein: Mökki

Lokale Spezialität: Kalakukko

Alles in allem: 50 Kilometer

Pastete bis zum Platzen

15. August: Kuopio bis 40 Kilometer hinter Kuopio

Schweren Herzens drehen wir gegen Mittag die Heizung ab und ziehen aus unserer Hütte aus. Um uns abzulenken, nehmen wir gleich Kurs auf die Markthalle, bewundern ihr gepflegtes Inneres, vernehmen das Klappern des Bestecks der Restaurants zwischen den Gängen. Fisch, Gebäck, Rentierfleisch in allen Variationen duften hier um die Wette. Vor allem die wohl berühmteste Pastetenart, die Kalakukko, wird an vielen Ständen angeboten. Da das Wetter schön ist, kaufen wir eine solche lieber draußen auf dem Marktplatz ein. Für zwölf Euro erhalten wir gut ein halbes Kilogramm von dieser kulinarischen Besonderheit an einem Wagen, aus dem eine gut gelaunte Verkäuferin lächelt. Sie reicht mir einen Laib aus Roggenbrotteig, in den gebratener Fisch mit Fleisch und Speck eingebacken und dadurch konserviert ist. Wir setzen uns auf eine Bank in der Sonne und schneiden zwei daumendicke Streifen ab. Die Spezialität ist gut gekühlt und eine saftige, kräftige Angelegenheit, die außerordentlich schmackhaft gewürzt ist. Mir fällt nichts Vergleichbares ein, keine Speise, die ähnlich ist. Sie ist einfach interessant, lecker und macht unglaublich satt, wie wir feststellen, als wir alles bis auf den letzten Krümel vertilgt haben und uns die runden Bäuche reiben.

Mehr als nur gut gestärkt machen wir uns auf den Weg in die Touri-Info, bekommen Umgebungskarten, auf denen kleinere Straßen abzulesen sind, und erhalten eine Auskunft, wo sich ein Fahrradladen befindet. Diesen steuern wir sogleich an. Ich gehe hinein und werde freundlich begrüßt. Einer der Mitarbeiter kommt mit mir nach draußen, wo Cornelia mit den Bikes wartet. Erst stellt der Mann bei beiden Fahrzeugen die Bremsen nach, dann macht er die Ketten gründlich sauber, bevor er sie neu einfettet. Er äußert Bedenken, dass mit meiner Schaltung nicht mehr alles stimmt, und trägt deshalb das Rad samt Gepäck die Treppen in die Werkstatt hinab. Ich kann sehen, wie sein Bizeps zittert, brauche aber nicht mit anzupacken, da „es schon geht". Unten angekommen stellt er zusammen mit seinem Kollegen die Schaltung ein, nimmt sich viel Zeit und begeistert mit einer Gründlichkeit, die selbst meinen Vater beruhigt hätte. Nach getaner Arbeit buckelt er mein Fahrzeug wieder hinauf auf die Straße und ich will wissen: „Wie viel bekommen Sie?" und ziehe mein Portemonnaie hervor. Daraufhin winkt er ab und entgegnet: „Nichts. Ich wünsche euch noch einen guten Trip!"

„Vielen Dank!", erwidern wir synchron und sind total begeistert von so viel Großzügigkeit.

Mit schönen Gedanken an eine abwechslungsreiche Zeit verlassen wir die Stadt zunächst erst einmal wieder Richtung Rauhalahti Camping. Dort müssen wir dann aber nicht abbiegen, sondern halten uns geradeaus nach Levä-

Zurück in der Wildnis

nen, nehmen die Straße 5 nach Jyvaskylä. Ein Abzweig nach rechts Richtung Suonenjoki bringt uns auf der 9 beziehungsweise E63 für rund dreißig Kilometer auf einer zwar viel befahrenen, aber dennoch erträglichen Strecke, da es einen breiten Seitenstreifen gibt, voran.

Etwa zehn Kilometer vor Suonenjoki bauen wir das Zelt im Wald mit Blick auf einen kleinen See auf und müssen heute mal wieder einen besonders aggressiven Mückenangriff erdulden.

51 Kilometer, gefühlt 200

Die Nacht bei einem finnischen Rennfahrer

16. August: Bis Myhinpää

Als wir erwachen, regnet es zwar gerade nicht, aber unser Lager müssen wir trotzdem klitschnass verstauen und bis Suonenjoki sind dann auch wir mal wieder durchgeweicht. So langsam geht uns das Wetter auf die Nerven und schlägt aufs Gemüt. Wir wissen, dass wir insgesamt großes Glück haben und mittlerweile über eine Bräune verfügen, die manche erst nach fünf Wochen Floridaurlaub bekommen. Auch wenn auf die Regentage immer wieder Schönwetterperioden so wie gestern folgen, haben wir gerade wenig Lust auf noch mehr Himmelswasser. In einem Supermarkt lassen wir uns von einem jungen Mann, der in Helsinki lebt, aber hier über den Sommer einen Promotionjob hat, per Smartphone die Wetteraussichten zeigen. Um 20.00 Uhr soll der Regen verschwunden sein. Wir grübeln und wollen wissen: „Gibt es hier in der Nähe einen Zeltplatz?“ Wir tauschen Blicke aus, sind uns einig, dass es bei diesen Witterungsbedingungen keinen Spaß macht, weiterzufahren, und planen, einen halben Ruhetag einzulegen. Eine Frau kommt dazu und berichtet von einem Zeltplatz in der Nähe, nur sieben Kilometer entfernt.

Zielstrebig machen wir uns auf den Weg dorthin und sehen uns bald suchend um. Am Abzweig nach Rautalampi sollte der Zeltplatz sein. Wir entdecken weder das gesuchte Areal noch einen Wegweiser, nur ein Schnellrestaurant.

„Eigentlich müssen wir lediglich das Zelt trocken bekommen“, stelle ich fest. „Und wenn es gegen 20.00 Uhr bloß noch bewölkt ist, so könnten wir es doch aufbauen, wie immer im Wald.“

Cornelia stimmt mir zu.

Kurzerhand betreten wir das Lokal und nehmen Kurs auf die Selbstbedienungstheke, an der glücklicherweise nicht viel los ist, genauso wenig wie im Restaurant überhaupt. Ich steuere auf eine freundlich wirkende Mitarbeiterin zu und erkläre unser Anliegen. „Wir sind Camperinnen, radeln schon seit einiger Zeit durch Ihr schönes Land und sind in letzter Zeit leider ziemlich oft nass geworden.“ Ich verdrehe die Augen und deute Richtung Himmel.

Sie nickt.

„Hier ist doch viel Platz", lasse ich meinen Blick durch das riesige Lokal schweifen, „Dürfen wir, während wir bei Ihnen essen und trinken, unser Zelt trocknen?" Erwartungsfroh harre ich einer positiven Antwort.

Verständnislos mustert mein Gegenüber mich, dann holt sie ihre Kollegin, die viel besseres Englisch sprechen soll, dazu. Ich wiederhole mein Ansinnen. Auch die zweite Frau ist nicht ganz sicher, was ich will. Als die dritte Dame aus der Küche gerufen wird, beginne ich meine Worte mit einer anschaulichen Darbietung zu untermalen. Schritt für Schritt markiere ich mit den Füßen eine Fläche, welche die Größe unseres Zeltes besitzt, forme mit den Händen ein Dreieck, stelle mit den Fingern Regentropfen dar. Dann deute ich in eine Ecke des Lokals, wo es einen Spielplatz gibt, und baue mit ausladenden Bewegungen ein gedachtes Zelt auf. Obwohl das Englisch aller Frauen eigentlich ganz gut ist, braucht es diese Scharade, um ihnen begreiflich zu machen, was wir wollen. Unsere Frage ist vermutlich einfach zu außergewöhnlich. Wir selbst sind uns ziemlich sicher, dass noch niemand zuvor hier sein Lager trocknen wollte.

Jedenfalls ist ihnen jetzt klar, worum es uns geht, und wir erhalten tatsächlich die Erlaubnis, das Zelt neben dem Kinderparadies aufzubauen.

„Großartig!", freuen wir uns und beginnen sogleich mit der Arbeit.

Zwei Stunden lang trinken wir heißen Kaffee und Schokolade, essen Hamburger und beobachten die wenigen Gäste, die sich hierher verirren, aber allesamt ziemlich verdutzt aus der Wäsche schauen, wenn sie das Zelt erblicken. Einmal flüchtet ein kleiner Junge aus der Kinderecke und nimmt Kurs auf unser Lager. Der Vater fängt ihn ein, bevor er ins Innere gelangen kann. Wie gern besäßen wir heute die Fähigkeit, Gedanken lesen zu können. Wobei, mehr als ein großes Fragezeichen würden wir dabei wahrscheinlich sowieso nicht erkennen können …

Nach überschwänglichen Dankesworten machen wir uns kurz nach 17.00 Uhr mit einem trockenen Zelt auf den Weiterweg, nehmen zunächst die Straße Richtung Rautalampi, zweigen dann aber nach Myhinpää ab. Vorerst ist sie noch asphaltiert, aber bald schon wird der Belag unbefestigt, gleicht einer Piste mit kleinen Steinen. Der Regen wird wieder stärker, der Untergrund fühlt sich wie Leim unter den Reifen an. Oft müssen wir bis in den ersten Gang herunterschalten, kommen nur im Schneckentempo voran, arbeiten uns etliche Steigungen hoch, rauschen hinab, müssen aber aufgrund der Verhältnisse viel bremsen, was dazu führt, dass sich meine Belege irrsinnig schnell abnutzen. Einmal bleibt uns nichts anderes übrig, als einen Berg hinauf zu schieben, weil unsere Beine die Leistung einfach nicht bringen wollen. Die heutige Minimalgeschwindigkeit gibt der kleine Computer an Cornelias Lenker mit null an. Frustrierend!

Nach etwa dreißig Kilometern seit der Pause im Restaurant beschließen wir, uns schon einmal mit Wasser für die Nacht zu versorgen. Es ist halb acht Uhr und eine Wetterbesserung leider nicht in Sicht. Das erstbeste Haus ist unser Ziel. Wir klingeln und zwei Männer Ende fünfzig öffnen. Bereitwillig versorgen sie uns mit Wasser. Als sie uns die gefüllten Flaschen aushändigen, fragen wir sie nach dem nächsten Zeltplatz. Auch wenn das Material trocken ist, so haben wir bei dem Wetter keine Lust auf Wildnis. Die Herren tauschen sich ein Weilchen auf Finnisch aus, bis sie zu dem Ergebnis kommen, dass es in fünfundzwanzig Kilometern etwas geben könnte.

„So weit?“, entfährt es Cornelia entsetzt.

„Geben könnte?“, hake ich nach.

„Ist da wirklich nichts anderes, das näher dran ist?“,

wollen wir beide dann beinahe zeitgleich in Erfahrung bringen. Wir sind vollkommen platt nach der stundenlangen Kriechfahrt durch klebrigen Schlamm und unzählige Pfützen. Das Wasser fällt uns von den Nasenspitzen.

„Hm", grübelt derjenige von ihnen, der Englisch spricht.

Dann beginnen sie wieder in ihrer Sprache miteinander zu reden, sehr lange. Nach einigen Minuten fragen wir uns schon stumm, worum es wohl gehen mag und ob sie nach wie vor über Campingplätze fachsimpeln. Der Mann ohne Englischkenntnisse scheint auf den anderen einzureden. Wir stehen unwissend daneben, während es uns noch immer auf die Köpfe regnet. Wahrscheinlich gibt jede gerade das Idealbild des begossenen Pudels ab.

Nach einer gefühlten Ewigkeit wechselt der Englischsprechende die Sprache und überrascht uns mit seinem Angebot: „Wenn es euch nicht stört, dass ihr um 7.00 Uhr das Haus verlassen müsst, könnt ihr bei mir schlafen!"

Wir tauschen einen erstaunten Blick aus, willigen dann aber schnell ein. Aus den Augen des schlanken Finnen mit Halbglatze und Brille strahlt Ehrlichkeit.

Der andere Mann, er war nur zu Besuch, verabschiedet sich dann ziemlich schnell. Offensichtlich hat er sein Ziel erreicht, uns bei seinem Freund unterzubringen. Wir hatten die ganze Zeit über das Gefühl, dass er versuchte seinen Nachbarn zu etwas zu überreden.

Unser frisch gebackener Gastgeber öffnet die Tür, bittet uns hinein und erklärt: „Ich lebe allein, habe aber ein Gästezimmer, weil meine Neffen manchmal darin übernachten." Er stößt die Tür zu selbigem auf, zieht eine Matratze, die auf einer anderen liegt, herunter und deutet auf das Lager.

„Perfekt!", freuen wir uns und laden ab.

„Ich hoffe, ihr habt noch etwas zum Essen bei euch", fährt er dann fort und fügt an, „Ich habe nämlich gerade nichts im Haus."

Typisch Junggeselle, denke ich und lächle stumm.

„Na klar, wir wollten ja eigentlich zelten und sind bestens mit Lebensmitteln versorgt“, antwortet Cornelia.

„Sehr gut“, zeigt er sich erleichtert.

Dann geleitet er uns in ein geräumiges Wohnzimmer mit Schreibtisch, Esstisch und offener Küche. Dort setzt er Teewasser auf, stellt dann eine Schüssel Kekse auf den Tisch und bittet uns Platz zu nehmen.

„Ich bin Mathe- und Physiklehrer und muss für morgen noch ein Examen vorbereiten“, erklärt er, während er das Wasser aufgießt. „Deshalb habe ich leider keine Zeit, mich mit euch zu unterhalten.“

„Kein Problem, alles in Ordnung. Wir wollen überhaupt nicht stören“, erwidern wir.

„Ich habe eine Sauna. Soll ich sie für euch anheizen?“

Wir nicken übereifrig und sind hellauf begeistert von den aussichtsreichen Entwicklungen des Abends. Er lächelt und verschwindet über eine Treppe in den Keller.

Cornelia, die vor Kälte zittert, strahlt über das ganze Gesicht. „Das ist ja unfassbar schön!“

Während die Sauna auf Betriebstemperatur kommt, essen wir von unserem Proviant und unser Gastgeber arbeitet an seinem Schreibtisch weiter. Einmal klingelt das Telefon. Er spricht eine Weile, wir verstehen „Saksa“ und mutmaßen, dass er von uns berichtet. Sein Haus ist hell und freundlich, wirkt aber wie eine typische Junggesellenbude. Über die Anordnung der Möbel ist offensichtlich nicht sonderlich viel nachgedacht worden, so steht die Gefriertruhe gut sichtbar schon mehr im Wohnzimmer als noch in der Küche. Dekorationsgegenstände gibt es keine und die einzigen Lebensmittel scheinen – neben den Keksen – zwei einsame Bananen zu sein, die auf dem Kühlschrank neben dem Esszimmertisch darauf warten, verspeist zu werden. Es fällt uns schwer, nicht das ganze Gebäck aufzuessen, und gerade so gelingt es, zwei Anstandskekse übrig zu lassen.

Nach etwa einer Stunde kontrolliert unser Mathelehrer die Temperatur der Feuerholzsauna, befindet sie für gut, gibt uns zwei Handtücher und macht sich wieder an die Klausurvorbereitung.

Immer noch total verfroren nehmen wir den heißen, kleinen Raum ein, machen Aufgüsse, als gebe es kein Morgen und klettern dann auf die oberste Bank. Es folgt der längste erste Saunagang unseres Lebens. Wir sind durchströmt von Wärme und Dankbarkeit für diese zufällige Begegnung, die uns vor einer nassen, kalten Nacht im Wald oder weiteren fünfundzwanzig Kilometern Radweg bewahrt hat. Noch können wir es nicht einmal richtig glauben: Da klingeln wir an einer Tür, um Wasser zu bekommen, und erhalten von einem völlig Fremden Einlass in sein Haus. Obwohl uns auf Reisen schon sehr viele Menschen in den verschiedensten Ländern mit Gastfreundschaft und Großherzigkeit liebevoll umsorgt haben, so ist und bleibt es eine Besonderheit, die wir schätzen und jedes Mal aufs Neue als ein großes Geschenk betrachten.

Sogar die nassen Radklamotten sind halbwegs getrocknet in der heißen Saunaluft, als wir nach eineinhalb Stunden nach oben ins Wohnzimmer zurückkehren, um uns für die Nacht zu verabschieden.

Juha – so hat sich der Hausherr zwischenzeitlich vorgestellt – hat allerdings andere Pläne und empfängt uns mit den Worten: „Wir Finnen genehmigen uns immer ein Saunabier. Wenn ihr wollt, können wir noch etwas gemeinsam trinken. Ich bin fertig mit der Vorbereitung meines Examens."

„Sehr gern", freuen wir uns über die Möglichkeit, ihn besser kennenzulernen.

Juha verschwindet im Keller und kehrt mit drei Dosen Sandels zurück, ein finnisches Bier, das seit 1971 produziert wird und dessen Name sich auf einen schwedischen Feldmarschall bezieht. Es wird in der Nähe von Iisalmi gebraut, dort, wo wir auch schon waren und das kleinste Restaurant der Welt anschauten. Geschmacklich ist es super und tut unglaublich gut nach diesem Tag, vor allem in so angenehmer Gesellschaft.

Juha erzählt, dass er im Sommer fast täglich in die Sauna geht und im Winter zwei bis drei Mal pro Woche. Spannend, wir würden es umgekehrt machen. Unser Gastgeber war schon fünf Mal in Deutschland, hat unter anderem einen Neffen, der in Konstanz studiert. Juha sieht immer wieder zur Uhr. „Bald landet er in Helsinki und besucht uns. Meine Schwester lebt in Jyvaskylä, also etwa siebzig Kilometer von hier. Ich freue mich schon sehr, meinen Neffen bald zu sehen.“ Dann präsentiert er Fotos von seiner Familie. Neben den Bilderrahmen stehen einige Pokale. Wir sprechen ihn darauf an.

„Ich war früher Rallyefahrer, hobbymäßig“, klärt er uns auf. „Wisst ihr, dass das“, er deutet nach draußen, „eine bekannte finnische Offroadstrecke ist? Hier finden Meisterschaften statt.“

Uns fallen beinahe die Augen heraus. Das, was Menschen an diesem Ort normalerweise mit ordentlich PS unter der Haube bewältigen, haben wir aus eigener Kraft bei strömendem Regen gemeistert. Wir finden, wir haben eine Medaille verdient!

Juha zeigt Bilder seines Skoda-Rennwagens und erklärt: „In den Neunzigern bin ich gefahren, habe dieses Hobby schließlich aufgegeben, weil es einfach zu teuer wurde. Aber im kommenden Jahr bin ich als Juror angemeldet.“ Stolz schlägt er eine Motorsportzeitung auf und blättert zu einem Artikel mit Fotos aus der Region.

Dann holt er noch eine weitere Runde Bier, wir erzählen ihm von unseren Erlebnissen, er uns von seiner Arbeit als Lehrer. Er unterrichtet Gymnasialschüler zwischen sechzehn und achtzehn Jahren, ist zudem noch stellvertretender Direktor und hat gerade besonders viel zu tun, da das schulische Oberhaupt erkrankt ist. Die Ferien sind seit der vergangenen Woche vorbei und die anstehende Klausur am morgigen Tag richtet sich an Nachschreiber. „Manche sind auch durchgefallen und müssen erneut ran."

Bevor wir uns gegen halb eins verabschieden, erfahren wir noch, dass er leidenschaftlich gern per PKW durch Europa reist, am liebsten Franziskaner Hefeweizen trinkt und keinen Kaffee mag …

68 Kilometer

Ist deine Körpertemperatur okay?

17. August: Myhinpää bis vor Jyväskylä

5.45 Uhr. Fünf. Wie diese Zahl schon aussieht! Erstaunlicherweise und das obwohl es so gar nicht unsere Uhrzeit ist, sind wir beide bereits einige Minuten vor dem Weckerklingeln erwacht. Auf dem Rücken liegend lauschen wir. Von Juha ist noch nichts zu hören. Langsam und leise beginnen wir deshalb damit, erst einmal alle Sachen zusammenzupacken. Nachdem wir dann auch beide im Bad waren, ist unser Gastgeber munter in seiner Küche aktiv und kocht Kaffee. Am Vorabend, als er berichtete, er sei Teetrinker im Kaffeeland Finnland, erkundigte er sich, wie es um unsere morgendlichen Frühstücksbedürfnisse stünde. Glücklicherweise hat er Kaffee im Haus und es duftet nun kräftig danach. Dafür, dass er meinte, er hätte kaum Lebensmittel da, ist es ihm ganz hervorragend gelungen, einen gedeckten Frühstückstisch zu zaubern. Eigentlich wollten wir uns gleich nach dem Aufstehen verabschieden, um ihn nicht weiter von seiner morgendlichen Routine abzuhalten, er bestand aber bereits gestern darauf, dass wir wenigstens für eine Tasse voller Koffein noch bleiben müssten. So sitzen wir nun mit leicht schläfrigen Gesichtern bei zwei Bananen – die Schale auf dem Kühlschrank ist nun leer – und Reiscrackern, Sandwichkäse sowie Margarine. Es gibt einen Teller, auf dem das Streichfett steht, sonst kein weiteres Geschirr, bis auf das berühmte Buttermesser. So polken wir den Käse aus seiner Folie, platzieren ihn auf den Crakkern, beißen immer mal wieder von den Bananen ab und schlürfen Kaffee – eine ganze Kanne, die wir guten Gewissens zu zweit austrinken, da ihn Juha ja sowieso nicht mag. Nebenbei checkt unser Gastgeber auf seinem Smartphone noch die Wetteraussichten, die sehr positiv ausfallen.

Gut gelaunt und bestens gestärkt, finden wir uns kurz nach 7.00 Uhr an seiner Haustür wieder, nehmen den Mathelehrer, in mintgrünem Hemd mit Kugelschreiber und Handy in den Brusttaschen, in unsere Mitte und schießen ein Selfie. Juha lächelt darauf ein wenig schüchtern. Er wirkt wie der Typ Lehrer, der geduldig und freundlich erklären kann und sich bestimmt Mühe gibt, auch denjenigen, die mit der Mathematik nicht so viel am Hut haben, alles immer und immer wieder zu verdeutlichen, bis sie es begriffen haben. Ach ja, ich fühle mich an meine Schulzeit erinnert. Dieses Fach stellte für mich immer die größte Herausforderung dar und ich habe mein Abitur unter anderem auch einigen geduldigen Paukern zu verdanken, denen es nicht an der Kreativität fehlte, die Dinge auf verschiedenen Wegen zu erklären – immer und immer wieder, bis es Klick gemacht hatte …

Trotz netter Lehrkräfte bin ich ziemlich froh, die Schulbank nicht mehr drücken zu müssen. Winkend rollen wir von Juhas Grundstück und kehren zurück auf die Rennstrecke. Sie ist trockener, der Belag klebt nicht mehr ganz

Landschaft in der Nähe von Myhinpää

so hartnäckig an den Reifen wie am Vortag und wir genießen die Fahrt durch den frühen Morgen. Der Blick auf einen kleinen See, an dessen Steg ein Ruderboot geduldig auf die nächste Fahrt wartet, lässt uns kurz pausieren. Weiß-graue Wolken ziehen über einen blauen Himmel, spiegeln sich auf der Fläche unter ihnen, während Nadelwälder und saftige Wiesen die Uferlinie schmücken. Es ist ganz still.

Leise rollen wir weiter, bis wir nach zwei Stunden Fahrt fünfundzwanzig Kilometer bewältigt haben und auf der Straße 641 landen. An einer Bushaltestelle machen wir es uns bequem, packen den Kocher aus und genehmigen uns ein zweites Frühstück. Wenn wir derartig rechtzeitig aufgestanden sind, können wir gar nicht genug Kaffee bekommen. Zeitweise lugt die Sonne zwischen den schnell ziehenden Wolken hervor. Genussvoll halten wir unsere Gesichter dann jedes Mal mit geschlossenen Augen in das warme Licht.

Irgendwann wollen wir weiter und folgen der Straße, bis wir in das Örtchen Hankasalmi gelangen. An einer

Tankstelle mit Imbiss und Werkstatt halten wir an und bitten darum, die Bremsen nachgestellt zu bekommen. Wie befürchtet, habe ich ordentlich Belag eingebüßt und müssen die Backen dringend enger gezogen werden. Eine kernige Frau macht sich an meinem Bike zu schaffen, während drei oder vier Männer um uns herum stehen und die Szene stumm beobachten. Aus ihren Gesichtern lese ich völliges Unverständnis. Es scheint, als hätten sie überhaupt keine Idee, weshalb zwei Frauen mit bepackten Fahrrädern unterwegs sind.

Nachdem die Nachbesserungen erfolgreich und mal wieder vollkommen for free erledigt sind, gehe ich nach innen und bitte um Trinkwasser. Während es aus dem Hahn plätschert, muss ich kurz von unserer Tour berichten und beantworte die Frage nach dem Woher und Wohin. Die Ortsnamen Kolari und Helsinki haben meinen Mund gerade verlassen, da stürmt eine Frau aus einer geöffneten Tür hervor und ruft im perfekten Englisch: „Habe ich das gerade richtig vernommen, du bist aus Kolari mit dem Fahrrad hierhergekommen?“

Ich bejahe.

Ihre Augen weiten sich. „Unfassbar!“, presst sie hervor und will wissen: „Ist deine Körpertemperatur okay?“

Lachend befühle ich meine Stirn und erwidere: „Ja, alles gut, bei meiner Freundin übrigens auch“, deute ich durch die Fensterscheiben nach draußen.

„Ich bin mal einhundertzwanzig Kilometer innerhalb von zwei Tagen gefahren, ein Wochenendausflug mit dem Rad. Meine Po-Schmerzen waren entsetzlich“, verzieht sie das Gesicht. „Wie haltet ihr das nur aus?“, erkundigt sie sich.

Ich berichte von meinem Ledersattel, tippe auf meine Radlerhose, sage ihr, dass das Polster ausreichend dick ist.

Sie will sich selbst ein Bild von meinem Sitz machen.

„Darf ich mal testen?"

„Klar!" Zusammen treten wir hinaus. „Da ist Cornelia", mache ich die Neugierige mit meiner Freundin bekannt. „Hier", halte ich ihr meinen Drahtesel hin. Ehrfürchtig mustert sie das Gepäck, greift den Lenker, schiebt ein Bein über den Rahmen und setzt sich auf den Sattel.

„Oh, oh", entfährt es ihr, als sie bemerkt, wie wuchtig mein Gefährt ist, tritt aber kraftvoll in die Pedale und rollt los. Wir beobachten, wie sie einmal im Kreis um die Zapfsäulen herumfährt und dann mit roten Wangen bei uns zum Stehen kommt. „Das ist alles ganz schön schwer. Respekt für eure Leistung!" Sie steigt ab und gibt mir meinen drahtigen Weggefährten zurück. Dann will sie noch ganz genau wissen, wo unsere Strecke entlang läuft, wie wir bei der Routenplanung vorgegangen sind und ob das Zelten gut funktioniert. „Und wie versorgt ihr euch?"

„Wir kaufen im Supermarkt ein und nutzen einen Campingkocher mit Gas", erklären wir ihr. „Einkaufsmöglichkeiten gibt es in diesem Land ja genügend", fügt Conny an.

Daraufhin nickt und lacht die Frau: „Ja, an manchen Stellen könnte man meinen, es gebe mehr Supermärkte als Menschen."

„Sie arbeiten hier?", deute ich auf den Eingang zum Bistro.

„Nein, ich erledige nur einmal pro Monat die Buchhaltung für die Werkstatt. Ich biete Massagen an. Das mache ich noch nicht sehr lange, ich war Immobilienmaklerin, hatte es aber satt nach all den Jahren und orientierte mich deswegen neu."

Wir könnten ewig mit der quirligen Frau plaudern, wollen aber so langsam weiter.

„Heute haben wir nur noch vierzig Kilometer vor uns", verabschieden wir uns mit einem Augenzwinkern.

„Nur noch“, wiederholt sie fröhlich und winkt uns zum Abschied.

Wir folgen weiter der 641. Die Straße ist recht ruhig und lässt sich gut befahren. Am Abzweig nach Jyväskylä wechseln wir auf die E63, die glücklicherweise einen sehr breiten Seitenstreifen besitzt. Wir wollen heute ein Stück vor der nächsten größeren Stadt, Jyväskylä, campieren, damit wir am Folgetag lediglich einige Kilometer reinrollen müssen und eine Nacht auf dem Campingplatz einsparen können.

Bereits 15.30 Uhr schlagen wir unser Lager an einem schmalen Waldweg, in der Nähe einiger Häuser, auf. Ein, zwei Mal kommen Hundebesitzer mit ihren Tieren vorbei. Weder stören wir sie, noch umgekehrt. Wir genehmigen uns ein Nachmittagsschläfchen, schließlich steckt die kurze Nacht noch in den Gliedern, dann spielen wir einige Runden Mau-Mau, bis uns die Augen erneut zufallen.

Rotweinbäckchen 16 Kilometer

18. August: Jyväskylä

Bei Regen – Sollte es nicht eigentlich mal länger trokken bleiben? – starten wir in den Tag. Das Wasser, das vom Himmel fällt, ist bald unser geringstes Problem, denn es gelingt mir nicht mehr, in größere Gänge hochzuschalten. Die Dinge sind zwar nicht ganz so dramatisch wie auf dem Weg von der Fähre, aber auf gerader Strecke wäre es schon hilfreich, wenn ich dauerhaft in einem der höheren Gänge, nicht aber maximal im zehnten fahren müsste. Vermutlich hat sich zu viel Pistendreck in meiner Schaltung gesammelt. Da wir bereits durch industrielle Vorstadtbereiche strampeln, dauert es nicht lange, bis wir eine Autowerkstatt ausmachen. Dort bitten wir einen jungen Azubi darum, die Räder mit Hochdruck abzupusten. Er geht sehr sorgfältig vor und bläst die Luft in jede kleinste Ritze der Schaltung.

Als wir wieder weiterfahren, müssen wir feststellen, dass die Aktion leider überhaupt nicht geholfen hat. So arbeite ich mich im besten Kalorien-Verbrennungsmodus voran, sehe zu, dass ich halbwegs mit Cornelia mithalte.

Jyväskylä befindet sich am nördlichen Ende des Päijänne, Finnlands längstem See, ist eine der größten Binnenstädte des Landes und genießt einen bedeutenden Ruf als Schul- und Ausbildungszentrum. Der Ort begrüßt uns mit einer grau verschleierten Skyline, die sich am Seeufer präsentiert. Frierend, weil wir ziemlich durchnässt sind, fahren wir in das Zentrum, rollen durch eine Einkaufsmeile, bis wir ein Touristoffice im Keller eines Shoppingcenters finden. Während Cornelia draußen die Räder bewacht, erkundige ich mich nach einem Zeltplatz mit Hütten. Einen solchen gebe es fünfzehn bis zwanzig Kilometer weiter, lautet die niederschmetternde Aussage. Da wir uns die Stadt am Folgetag anschauen wollen, kommt eine solche lange Anreise nicht in Frage. Einen Zeltplatz ohne Hütten soll es in drei, maximal vier Kilometern Entfernung geben. Dann eben der …

Mit einer Karte bewaffnet, auf der die Mitarbeiterin mit einem Kringel den Platz markiert hat, machen wir uns auf den Weg, der einfach zu finden ist und uns nach vier Kilometern zur Rezeption abbiegen lässt. „Laajis“ bietet neben der Möglichkeit, Zelt und Caravan aufzustellen, auch Betten im Hostel an. Es gibt nur noch ein freies Doppelzimmer, das die Campinggebühren aber um ein Vielfaches übersteigt. So buchen wir zwei Nächte auf der Zeltwiese für insgesamt dreißig Euro inklusive Saunanutzung zwischen 19.00 und 21.00 Uhr – ein Schnäppchen!

Glücklich und voller Vorfreude auf eine heiße Dusche, belagern wir den menschenleeren Aufenthaltsraum mit Küche, breiten das nasse Zelt über einem Tischfußballkikker auf, stopfen die Schuhe mit Papier aus und lassen uns anschließend sehr lange heißes Wasser über die Körper rinnen.

Als wir dann bei einem Fertiggericht am Tisch sitzen, stoßen zwei deutsche Mädels zu uns. Sie sind insgesamt für zwei Wochen in Finnland unterwegs, busfahrend.

„Busfahren ist unglaublich billig!“, klärt uns eine der Studentinnen auf.

„Weil die Hostels so preisintensiv sind, suchen wir uns immer Unterkünfte über Airbnb“, fährt die andere fort.

Dabei handelt es sich um einen Online-Marktplatz, der im Jahr 2008 im kalifornischen Silicon Valley gegründet wurde. Darüber ist eine Buchung und Vermietung von Unterkünften möglich. Private Anbieter offerieren ihr Zuhause oder einen Teil davon, was den Vorteil hat, dass Gäste mit Einheimischen in Kontakt kommen und von Insidertipps profitieren können. So geht es auch den Mädels, wie sie uns berichten.

„Es ist toll, auf diese Weise Orte und Menschen kennenzulernen. Nur manchmal, wenn wir auch mal unsere Ruhe brauchen, kann es anstrengend werden. Viele Gastgeber sind so freundlich, dass sie sich immer unterhalten wollen, gern alles zeigen möchten. Da fällt es dann schwer, nein zu sagen und sich loszueisen.“

Die andere nickt. „Aus diesem Grund zelten wir jetzt mal für ein paar Tage.“

Als wir von unserer Tour berichten, sind sie begeistert und wollen wissen, wie gut das wilde Zelten funktioniert.

„Mittlerweile haben wir einen zuverlässigen Riecher und ahnen oft ziemlich gut, auf welche Waldwege wir abzweigen müssen, um ein gutes Plätzchen zu finden“, erzählt Cornelia, während ich den Zeltstoff versuche vollständig trocken zu bekommen.

Die beiden nicken.

„Ich denke, wir können aufbauen“, stelle ich fest. „Es regnet auch nicht mehr.“

Gemeinsam gehen wir hinaus, errichten unser Lager, greifen uns dann die Räder und schieben sie zu einer Hauswand, an der sich ein Wasseranschluss mit Schlauch befindet. Sorgfältig spülen wir jedes Dreckkörnchen ab, schaffen es damit, meine Schaltung wieder voll funktionstüchtig zu bekommen. Beim Blick über den Platz fällt auf, dass hier offensichtlich ein Event ansteht, denn es werden Cross-Motorräder auf Hängern gebracht und Fahrerlager aufgebaut. Sowieso scheint es eine Gegend mit großem Freizeitpotential zu sein. Neben dem Bikepark existiert auch ein Hochseilgarten, ein Adventure Park. Als immer mehr Menschen in sportlichen Outfits erscheinen, erkundigen wir uns und bringen in Erfahrung, dass ein wichtiger Motocross-Wettbewerb stattfinden wird. An den Kennzeichen sehen wir, dass die Fahrer sogar aus Norwegen und Schweden angereist sind. Während sich mancher Biker warmfährt, begeben auch wir uns zu den Rädern, um noch ein wenig von der Stadt zu sehen.

Der Ausflug endet aufgrund des Wetters sehr bald im Sportgeschäft eines Einkaufscenters, in dem ich mich mit neuen Fitness-T-Shirts eindecke. Bei Regen bleibt uns ja schließlich nichts anderes übrig, als shoppen zu gehen …

Bestens versorgt steuern wir dann die Sauna auf dem Zeltplatz an und verwandeln anschließend das gesunde Rot auf unseren Wangen mit einigen Bechern Wein in eine äußerst kernige Gesichtsfarbe, die wir gegen null Uhr mit in die Schlafsäcke nehmen.

Zeitreise ins Holzhausviertel 40 Kilometer

19. August: Bis 30 Kilometer hinter Jyväskylä

Die Radtaschen dürfen wir im Wäscheraum des Hostels zwischenlagern, während wir heute mit fester Entschlossenheit endlich mehr als nur die Shoppingcenter der Stadt erkunden wollen. Aber wir müssen Prioritäten setzen und steuern zunächst eine Werkstatt an, denn aus den Bremsbacken meines Fahrrades ist nichts mehr herauszuholen, egal, wie eng man sie noch stellt, der Belag ist so abgenutzt, dass wir keine weitere Etappe ohne einen Wechsel fahren wollen. Obwohl ich mir vor der Abreise neue habe montieren lassen, komme ich nicht umhin, nun nachzukaufen.

Auf einem riesigen Areal, das ein wenig an einen Fahrradfriedhof erinnert, lungern drei recht junge Mechaniker herum. Einer von ihnen – sehr beleibt und klamotten- sowie frisurenmäßig eher in die Ecke Heavy Metal einzuordnen – nimmt sich unserer Fahrzeuge sogleich an. Eine Viertelstunde später sind beide Ketten geölt, meine Schaltung gecheckt und für gut befunden sowie die hinteren Bremsbacken ausgetauscht. Nach Begleichung der Rechnung, die mit fünfzehn Euro klein ausfällt, düsen wir davon.

Erstes Ziel ist das Holzhausviertel Toivolan Vanha Piha, das als eines der herausragenden Besucherziele der Stadt gilt. Es versetzt uns in eine Zeit, in der auf den schmalen Straßen der Stadt das Geklapper der Pferdehufe zu hören und das Stadtbild von niedrigen Holzhäusern mit ihren Eingangstoren und Innenhöfen geprägt war. Wir werden von sieben Gebäuden aus der Zeit Ende des neunzehnten Jahrhunderts begrüßt. Einige sind in Rot-braun gehalten und ihre Türrahmen mit ockerfarbener Umrandung versehen, andere erstrahlen in Gelb- und Rosatönen. In der Mitte des Hofes steht ein alter Einspänner, also ein Wagen,

Holzhausviertel Toivolan Vanha Piha

der von nur einem Pferd gezogen wird. Ein Backsteinbau, im dem eine Werkstatt untergebracht ist, bildet die Ausnahme von der Holzbauweise. Kunsthandwerker bieten auf diesem Gelände ihre Schmuckstücke an, wie wir beim Durchschlendern sehen. Aus einem Café dringt der Duft frisch gekochter Suppe, Menschen sitzen auf langen weißen Bänken vor dem Gebäude.

Danach wandern wir zum Harju, einem bewaldeten Höhenzug mit Aussichtsturm – ein Tipp, den uns Juha gegeben hatte. Die Begehung ist gratis und wird zum echten Geschenk in Form einer guten Aussicht auf Stadt und Umgebung, zwar nicht ganz so beeindruckend wie in Kuopio, aber dennoch den Abstecher wert, finden wir. Für uns ist es außerdem eine tolle Gelegenheit, das Wasser, welches wir bisher nur als verschleierte Masse wahrgenommen hatten, im Schein der Sonne, die heute wieder fleißig ist, zu betrachten.

Alvar Aalto ist ein Name, dem vermutlich jeder Finnlandbesucher einmal begegnet. Der Architekt und Designer ist

1898 in Kuortane, nordwestlich von Jyväskylä geboren, verbrachte seine Schul- und Jugendzeit hier und begann in dieser Stadt mit seinem ersten Büro eine Weltkarriere. Kein Ort weist mit über dreißig alleinstehenden oder auch in Gruppen angeordneten Gebäuden so viele Aalto-Bauwerke auf wie Jyväskylä. Aalto ließ sich unter anderem vom Bauhaus beeinflussen, hatte seine Wurzeln zwar im Nordischen Klassizismus der 1920er Jahre, entwickelte sich jedoch zu einem Wegbereiter der Moderne. Wir betrachten ein Beispiel seiner klassisch-modernen Architektur genauer, das Stadttheater aus dem Jahr 1982 unweit des Bahnhofs. Aaltos Formsprache war funktional, das Bauwerk vor unseren Augen wirkt kompakt und gleicht einem monumentalen Gebäudekubus. Die große Gebäudeöffnung zieht den Besucher förmlich ins Innere. Schade, dass wir für heute Abend schon eine Verabredung mit der Wildnis haben, sonst wären wir bestimmt galant gekleidet in Fleecepullover und Radlerhose ausgegangen ... Nicht nur hier, sondern ebenso in der Hauptstadt des Landes hat der berühmte Sohn gewirkt, die Technische Universität und die Finlandia-Halle in Helsinki stammen auch von ihm. In Paris, Berlin, New York ... – überall auf diesem Erdball verstreut, hat Aalto seine Spuren hinterlassen, bis er im Jahr 1976 in Helsinki verstarb.

Zum frühen Abend sind wir wieder startklar und folgen der Straße 9 nach Tampere, finden bald einen Radweg, dessen Richtung mit Muurame unserem Ziel entspricht. Dieser wird zur kleinen Landstraße, bis wir hinter Muurame für wenige Kilometer wieder der zunächst zwei- dann einspurigen Straße 9 folgen. Der Verkehr ist erträglich, der Seitenstreifen sehr breit. Immer mal wieder zeigen sich Gewässer, deren Anblick das Fahrvergnügen deutlich steigert. Einige Kilometer vor Korpilahti, am Abzweig nach Luhanka, biegen wir auf die 610 ein, befahren diese aber

Fahrradstellplatz für die Nacht

nicht mehr lange, sondern errichten gegen 20.00 Uhr ein Lager für die Nacht.

An einem Waldrand oberhalb eines Sees sind wir fündig geworden und freuen uns über die Aussicht. Es ist klar, kaum eine Wolke zieht am Himmel, dessen Antlitz in einem blassen Rosa erstrahlt, entlang. Wir beobachten, wie sich die Farbe der Wälder von einem satten Grün langsam ins Schwarz verwandelt. Zurück bleibt ein perfekter Scherenschnitt, den wir so lange bewundern, bis wir zu frieren beginnen und in die Schlafsäcke kriechen.

Flusskrebsdinner for one 68 Kilometer

20. August: Bis vor Sysmä

Auf einem Parkplatz, der offensichtlich sehr beliebt ist, da sich hier ein Startpunkt verschiedener Wanderwege befindet, beobachten wir Menschen und essen dabei alles an Proviant auf, das wir noch haben, damit sich der Einkauf in Luhanka später so richtig lohnt. Bis auf den letzten Krümel sind die Vorräte verzehrt, als wir nach dieser Rast aufbrechen, um unsere Tagesetappe fortzusetzen.

„Zieh mal richtig fest an der Tür!“, höre ich die Stimme meiner Freundin.

Ich tue es, aber nichts passiert. „Geschlossen“, brumme ich, forme meine Hände zu einem Kreis und spähe durch die Scheibe. „Ist dunkel da drinnen“, füge ich an.

Dann entdecken wir die Öffnungszeiten des Lebensmittelladens in Luhanka, einer Gemeinde mit nicht einmal achthundert Einwohnern. Samstags hat das Geschäft bis 16.00 Uhr geöffnet. Es ist 16.30 Uhr und wir finden das überhaupt nicht lustig. Zu spät am Museum zu sein, ist das eine, aber beim Essen hört der Spaß auf! „Verdammt!“, fluchen wir, jedoch nicht lange, denn uns fällt ein, dass wir immer noch unsere Notnahrung haben – eine weitere vakuumverpackte Trekkingmahlzeit für zwei Personen. Wie gut, dass Cornelia diese so eisern verteidigt hat. Da die Supermarktdichte groß ist und die Öffnungszeiten normalerweise nachteulentauglich sind, wollte ich das Zeug schon einige Male mit der Begründung: „Wir können doch täglich Lebensmittel nachkaufen“ essen. Meine Freundin blieb stets hart. Ein Hoch auf Connys Beharrlichkeit, die uns damit ganz bestimmt vor dem sicheren Hungertod im finnischen Wald an einem wunderschönen Augusttag bewahrt hat. Wir versuchen nicht, an die lange Pause auf

Finnland: Gewässer „überall“

dem Parkplatz zu denken, ohne die wir pünktlich angekommen wären, und auch nicht daran, dass wir extra alles aufgegessen haben, um Platz für frische Lebensmittel zu schaffen. Ganz zu schweigen von dem Abzweig, den wir fahren mussten, um in dieses Nest zu kommen …

Wir setzen den Weg Richtung Sysmä fort und erfreuen uns an äußerst angenehmen Straßenverhältnissen. Dieser Abschnitt ist wunderbar ruhig und wird immer wieder von Gewässern verschönert. Wälder, deren Grüntöne im Sonnenschein besonders intensiv leuchten und sich farblich vom blauen Himmel absetzen, sind unsere Wegbereiter. Zwei Mal kommen Autofahrer entgegen, die anerkennend ihre Daumen heben.

Für eine halbe Stunde stellen wir uns an einer überdachten Bushaltestelle – sie kam wie gerufen – unter und warten einen kräftigen Schauer ab, welcher der Sonne dann aber wieder Platz macht. Die kleinen Wartehäuschen sind uns des Öfteren schon aufgefallen, da sie meist äußerst einladend wirken. Sie bestehen aus Holz, sind hell angestrichen und werden von Spitzdächern geschützt. Die Fenster sind weiß umrahmt und hingen dort Spitzengardinen, könnten wir meinen, es handele sich um winzige Eigenheime, nicht aber um Haltestellen.

Da die Gegend verhältnismäßig dünn besiedelt ist, kümmern wir uns mit etwas mehr Vorlauf als sonst um unsere Wasserversorgung für die Nacht. Unmittelbar an der Hauptstraße finden wir keine Wohnhäuser, sodass wir extra abbiegen und einem Abzweig einige Kilometer folgen, bis wir ein Grundstück sehen, auf dem ein Wohnmobil parkt. Ein Kind tollt davor herum. Cornelia, die seit dem Zwischenfall mit der stürmisch geöffneten Haustür und dem schreienden Säugling fürs Wasserholen zuständig ist, begrüßt das schätzungsweise zehnjährige Mädchen. Die Kleine antwortet im perfekten Englisch und will auch gleich wissen, woher wir kommen. Dann ertönt die Stimme einer Erwachsenen: „Are you lost, habt ihr euch verfahren?“

Cornelia schüttelt den Kopf, berichtet von unserer Reise und erhält die vollständig gefüllten Plastikflaschen zurück.

Wieder auf der Hauptstraße angekommen, fahren wir entspannt nebeneinander, der sehr wenige Verkehr macht es möglich. Wir unterhalten uns gerade, als wir einen Mann mit einem Wasserkanister passieren. Er spricht uns im perfekten Deutsch, zwar mit Akzent, aber eben sehr flüssig und korrekt an: „Brauchen Sie Wasser? Dort oben“, deutet er zum Wald, „gibt es eine Quelle.“

„Danke, allerdings sind wir noch sehr gut versorgt“, erkläre ich ihm.

Er nickt.

„Haben Sie vielleicht eine Idee, wo wir auf den nächsten fünf bis sieben Kilometern einen schönen Zeltplatz finden?“, schaltet sich Cornelia ein.

„Ja", erwidert er, ohne zu zögern. „Auf meinem Grundstück, gleich hier vorn", bietet er unvermittelt an.

„Wirklich?", hakt Cornelia nach.

„Ja", lautet seine Antwort.

Conny und ich tauschen wortlos unseren „Was-hältst-du-davon,-fühlt-sich-das-okay-und-sicher-an-Blick" aus und willigen ein.

„Ich hole bloß noch Wasser, ihr könnt aber gern schon aufbauen", weist er uns mit dem Zeigefinger unmissverständlich den Weg zu seinem Grundstück.

Mehrere rot angestrichene Holzhäuschen mit weißen Fensterrahmen verteilen sich auf einem grünen Rasen, dessen Gras ziemlich hoch gewachsen ist. Wir sind noch nicht ganz sicher, welches das Wohnhaus ist, können nur eines der Gebäude als Schuppen identifizieren.

Wir breiten die Plane einfach dort aus, wo es uns gemütlich erscheint. Gerade als wir die letzte Ecke glatt gezogen und das Zelt aus seinem wasserdichten Sack befreit haben, kommt unser hochgewachsener, schlanker Gastgeber mit zwei gefüllten Kanistern um die Ecke. Wir schätzen den Mann auf Anfang siebzig, hat er doch einen weißen Vollbart, dünnes weiß-graues Haar und einige Stirnfalten, die uns für dieses Lebensalter realistisch erscheinen.

„Das hier", deutet er auf das Stückchen Land, auf dem wir stehen, „ist unser Sommersitz. Meine Frau ist normalerweise auch immer mit mir draußen, nur dieses Wochenende blieb sie lieber in unserer Heimatstadt Helsinki, weil sie viel zu tun hat." Mit einer Geste gibt er uns zu verstehen, ihm zu folgen. „Das Zelt könnt ihr später aufstellen, kommt erst einmal mit", fordert er uns dann auf. Hm, was hat er denn vor, warum sollen wir unsere Tätigkeit so plötzlich unterbrechen? Was kann denn jetzt auf einmal so wichtig sein …?

Manch einer mag sich beim Lesen dieser Zeilen fragen, ob dies der Anfang einer Gruselgeschichte ist: Da ist ein wildfremder Mann, der uns, ohne auch nur eine Sekunde zu überlegen, auf sein Grundstück einlädt. Er spricht von einer Frau, die angeblich existiert, aber ausgerechnet dieses Wochenende nicht vor Ort sein kann. Nachdem er uns bat, das Zelt aufzuschlagen, unterbricht er kurzerhand und will, dass wir ihm folgen. Warum nur sind wir hier und seinem Angebot derartig bereitwillig gefolgt? Die Antwort lautet: Weil unser Bauchgefühl auf „Go!" stand und keinen Alarm schlug. Dieses ist bei uns beiden sehr ausgeprägt, weshalb wir bei Entscheidungen – egal, welche Tragweite sie entwickeln mögen – in letzter Instanz dem Bauchgefühl immer vertrauen und damit bisher gut gefahren sind. Wenn sich bei einer von uns beiden auf einer Tour eine sonderbare Empfindung meldet, sei es beim Trampen oder bei der Wahl eines Schlafplatzes, wird das sofort und ohne Diskussionen gehört, ernst genommen und entsprechend umgesetzt. Doch nicht nur Gefühle haben uns bis hierher gebracht, sondern auch eine gute Menschenkenntnis und mittlerweile eine Reisebiografie, die kein unbeschriebenes Blatt mehr ist. Auch muss ich einräumen, dass zu zweit zu reisen bestimmt etwas ist, das eine Unternehmung sicherer macht. Ob eine von uns beiden wohl allein im Hause des Mathelehrers übernachtet hätte? Wir tippen auf nein – selbst wenn Juha garantiert genauso zurückhaltend und freundlich gewesen wäre. Ich für meinen Teil habe eine gehörige Portion Vorsicht aus dem Elternhause eingeimpft bekommen und in den letzten Jahren außerdem zu viele Kriminalromane und Psychothriller gelesen … Deshalb denke ich, als Alleinreisende hätte ich eine andere Lösung gefunden.

Unser aktueller Gastgeber hat jedenfalls nicht vor, uns zu ermorden, ganz im Gegenteil. Nachdem wir einem schmalen Trampelpfad gefolgt sind, finden wir uns am Ufer eines Sees wieder, an dem sich ein Steg, ein Ruderboot sowie ein Kanu befinden. Aus einem Schuppen holt Jalo

Wir haben das Verkehrsmittel gewechselt

– so hat er sich zwischenzeitlich vorgestellt – zwei Paddel und Schwimmwesten. Ehe wir uns versehen, stecken wir in dicken Rettungswesten, die der Figur kaum schmeicheln.

„Habt ihr das schon einmal gemacht?", sichert er sich ab, als er das Kanu ins Wasser schiebt.

Ich nicke und füge an: „Ich habe es mal gelernt, kann also auch steuern."

Er nickt zufrieden und verabschiedet sich mit dem entscheidenden Hinweis: „Merkt euch, wie mein Haus vom Wasser aus aussieht, sonst findet ihr nicht mehr zurück und kommt womöglich wieder in Jyväskylä raus."

Wir paddeln los.

Fasziniert davon, dass es möglich ist, auf dem Päijänne etwa einhundertzwanzig Kilometer zurücklegen zu können, schippern wir nun also durch die Wasserlandschaft. Nach zwei, vielleicht drei Paddelschlägen kristallisiert sich sehr früh eine klare Arbeitsteilung heraus: Conny sitzt und staunt, ich paddele (und staune).

„Weil ich mit dir im Zelt schon so oft den Platz tauschte, habe ich etwas gut und du kannst mich jetzt ruhig ein Weilchen spazieren fahren", stellt sie die Spielregeln des Ausflugs klar. Weil ich tausend Mal lieber paddele, als auf einer Erbse schlafen zu müssen, äußere ich keinerlei Widerworte und chauffiere meine Freundin brav über den See.

Es ist toll, die Gegend auch einmal aus der Wasserperspektive kennenzulernen. Ein riesiger Spiegel mit bewaldeten Uferlinien ruht wie ein schönes Gemälde unter dem klaren Abendhimmel. Die Kraft der Sonne ist noch groß genug, uns zu wärmen. Besonders wohltuend ist die Stille, die nur vom Plätschern winziger Wellen an den Bootswänden unterbrochen wird. Was für ein herrlicher Abend! Ein breites Grinsen tritt auf unsere Gesichter und Cornelia beginnt: „Das ist schon wieder so eine tolle Begegnung und die Aktion hier erscheint mir irgendwie besonders typisch für uns. Da wollen wir gerade das Zelt aufstellen, kommt auch schon Jalo, ergreift uns regelrecht, verpasst uns Schwimmwesten und schiebt uns aufs Wasser."

„Und das nur, damit wir den Sonnenuntergang nicht verpassen", ergänze ich.

„Wir kommen aber auch immer wieder in Situationen, die zunächst ungeplant sind und dann umso schöner ausgehen", bilanziert Cornelia.

Ganz sicher, dass die Situation in keiner Gruselgeschichte enden wird, kosten wir das Hier und Jetzt vollkommen aus, so lange, bis die Sonne hinter den Wäldern verschwunden ist und einen kühlen Schleier, der über das Wasser kriecht, zurücklässt.

„Wo willst du denn hin?", fragt mich Cornelia nach einigen kräftigen Paddelschlägen Richtung Ufer.

„Na zum Steg", erwidere ich verständnislos und halte meinen Kurs.

„Aber der ist doch viel weiter rechts. Das, was du da ansteuerst, ist ein ganz anderes Grundstück", klärt mich Cornelia auf.

„Ach, hast recht“, räume ich ein, ändere die Richtung und bringe uns sicher zurück. Ich kann zwar gut mit dem Boot umgehen und mache als Steuerfrau eine akzeptable Figur, doch was nützt all die Kompetenz, ohne eine Spur an Orientierungsfähigkeit? Aber dafür gibt es Cornelia …

„Oh gut, ihr seid wieder da“, empfängt uns Jalo oben auf dem Rasen seines Grundstücks und will wissen, wie es uns gefallen hat.

„Toll!“, schwärmen wir synchron.

„Und zurückgefunden habt ihr euch offensichtlich auch …“, freut er sich und fährt fort, „Wir hatten einmal einen Belgier hier zu Besuch und haben ihn in meinen kleinen Opti, ein winziges leichtes Segelboot gesetzt. Als er so allmählich damit davontrieb, sahen wir, dass er damit gar nicht umgehen konnte.“

Wir mustern Jalo mit großen Augen.

„Meine Frau und ich hatten ja keine Ahnung, dass er noch nie in einer Jolle gesessen hat. Wie auch immer“, fährt er fort, „er hat es jedenfalls ganz gut gelernt, bis er ein völlig anderes Problem bekam“, knüpft Jalo an. „Ein Sturm zog auf, er verlor die Orientierung und fand den Weg zum Steg nicht mehr zurück.“

„Und dann?“, bohre ich ungeduldig nach.

„Er schaffte es, sich zu einem der anderen Sommerhäuser zu retten. Dort half man ihm und brachte den tapferen Burschen zurück“, schließt Jalo.

Meine Güte, dahingegen erscheint unser Ausflug ja regelrecht langweilig. Die einzige Angst, die mich die ganze Fahrt über fest in ihren Klauen hielt, war die vor Spinnen. Das Kanu war zuvor offensichtlich längere Zeit nicht mehr gefahren worden und überall befanden sich Netze der schwarzen Krabbeltiere. Ich habe versucht, nicht so genau hinzusehen, dennoch immer wieder nach einem Notfallplan in meinem Kopf gekramt. Vermutlich wäre ich innerhalb des Kanadiers auf wackligen Beinen nach vorn zu Cornelia geflüchtet und hätte unser Boot in meiner Panik ganz sicher zum Kentern gebracht …

„Weshalb sprichst du unsere Sprache eigentlich so perfekt?“, wollen wir von Jalo wissen.

„Meine Mutter war eine Deutsche, weshalb ich schon mit vier Jahren in der Kita ihre Muttersprache erlernte. Weiter ging es mit Sprachenunterricht in der Schule; mein Abitur und später auch meine Dissertation machte ich ebenfalls auf Deutsch. Außerdem ist meine Frau Deutschlehrerin und davon profitieren wir beide.“

Dann beginnen wir endlich damit, das Nachtlager zu errichten, während Jalo im Haus auf uns wartet. Wahrscheinlich bereitet er den versprochenen Snack vor. Es soll nämlich Flusskrebse geben, die er selbst frisch gefangen hat.

Neugierig auf die kleine Mahlzeit betreten wir einen Raum mit offener Küche und einem großen Esstisch, an dem Jalo mit einem alten MacBook sitzt und per Surfstick das World Wide Web erkundet. „Das Wetter bleibt ganz gut“, verkündet er und bietet uns einen Platz auf der rustikalen Holzbank an.

„Habt ihr das schon einmal gemacht, Flusskrebse ausnehmen?“, will er wissen, während er einen riesigen Topf, in dem Kräuter und zwanzig oder dreißig der roten Krustentiere schwimmen, auf der grün-weiß karierten Tischdecke abstellt.

Wir schütteln die Köpfe.

Jalo nickt zufrieden, er scheint sich zu freuen, es erklären zu dürfen.

„Was ist dein Beruf?“, erkundige ich mich.

„Ich war Hochschuldozent für Physik und Mathematik, bin aber seit kurzer Zeit pensioniert.“

Flusskrebsessen mit unserem Gastgeber Jalo

Schon wieder ein Mathelehrer! Offensichtlich sind die finnischen Naturwissenschaftler besonders gastfreundlich … Ein wenig überrascht bin ich aber auch über die Aussage, er sei erst seit kurzem in Rente, und mustere ihn sorgfältig, während er spricht. Tatsächlich wirkt er jetzt, in einem sportlichen Fleecepullover, deutlich jünger und kann eigentlich nicht viel älter als Mitte sechzig sein.

„Meine Frau und ich leben in Helsinki, sind im Sommer aber häufig hier draußen. Die Trinkwasserversorgung unserer Hauptstadt erfolgt übrigens über diesen See“, deutet er in Richtung des Wassers. „Und dort habe ich auch das gefangen, was vor euren Nasen steht.“ Er zeigt auf den Topf und beginnt zu erklären: „Ich habe die Krebse vor zwölf Stunden in Salzlauge mit frischem Dill gekocht, danach in den Kühlschrank gestellt.“ Dann angelt er eines der Tierchen heraus und streckt es uns entgegen. „Das ist ein amerikanischer Flusskrebs, davon gibt es Millionen hier im See. Allein in diesem Sommer habe ich etwa zweihundertfünfzig an Land geholt.“

Wir observieren neugierig, was er in den Händen hält.

„Das Gute sitzt unter Zangen und Schwanz“, bricht er den Fang auf und unterstreicht seine Aktivität mit den Worten: „So holt man es sich.“ Dann setzt er den Krebs an den Mund an und schlürft die Flüssigkeit aus. Mit einem speziellen Messer knackt er nun die Schale an den entsprechenden Stellen auf und zeigt uns Schritt für Schritt, wie sich alles Essbare gewinnen lässt. Das Fleisch platziert er auf einer Scheibe Weißbrot. Während er spricht, erfüllt das Ticken einer Original Kuckucksuhr mit ihrem gleichförmigen Klang den Raum.

„Jetzt ihr!“, fordert er uns schließlich auf.

Neugierig fischen wir mit den Fingern in der Lauge herum und greifen, auf Jalos Empfehlung, einen besonders großen Krebs und beginnen nachzuahmen, was wir zuvor gezeigt bekamen. Unser Gastgeber macht noch einmal mit und allmählich wird auch unsere Weißbrotscheibe immer voller, was vor allem daran liegt, dass Jalo uns hilft und abwechselnd etwas von den Tieren, die er weiter zerlegt, auf unsere Teller wandert. Während wir drei so vor uns hin friemeln, plaudert Jalo, der ganz offensichtlich froh ist, Deutsch reden zu können, munter weiter. Wir erfahren, dass er zwei Töchter und einen Sohn und mittlerweile auch fünf Enkelkinder hat. Eines ist nach ihm benannt, was er erst kurz vor der Taufe erfuhr. „Es ist hier so, dass der Name eines Babys erst zur Tauffeier bekannt gegeben wird“, klärt er uns auf und fährt fort, „Wochenlang wird ein Neuankömmling immer nur als ‚Das Baby‘ bezeichnet, bis man dann im feierlichen Rahmen den Namen verrät.“ Immer mal wieder streut Jalo in seine Ausführungen finnische Sprüche und Witze ein und lacht dabei über sich selbst. Ein Lehrer kann wohl nicht aus seiner Haut, so erklärt er uns irgendwann geduldig und äußerst ausführlich mathematische, aber auch historische Zusammenhänge die finnische Geschichte betreffend.

„Ab September werde ich als ehrenamtlicher Lehrer mit Flüchtlingskindern aus Ghana und dem Kosovo arbeiten“, freut er sich ganz offensichtlich auf die bevorstehende Aufgabe. „Bis dahin habe ich hier auf dem Grundstück noch einiges zu erledigen. Ich baue den Kuhstall zur Garage um, finde es aber wichtig, den ursprünglichen Charakter der Häuschen zu wahren. Wir Finnen streichen, genauso wie die Schweden, schon seit etwa dreihundert Jahren die Außenwände im dunklen Falunrot. Wisst ihr, woher das Rot kommt?“, ruht sein Lehrerblick auf uns.

„Hm“, brumme ich und möchte gerade meine Theorie äußern, da fängt er auch schon an. „Die Bezeichnung Falunrot bezieht sich auf einen schwedischen Ort namens Falun. Dort gab es eine Kupfermine. Aus dem Abraum des Bergbaues wurde das Pigment Falunrot gewonnen und entwickelte sich bereits ab dem sechzehnten Jahrhundert zu einem beliebten Außenanstrich, weil es den in Schweden vorherrschenden Holzhäusern eine Farbe gab, die an die Backsteinbauten wohlhabender Mitteleuropäer erinnerte.“

Während er erzählt, puhlen wir emsig an den Tierchen herum und als irgendwann die Brotscheibe in unseren Mägen verschwunden ist, vernehme ich ein deutliches Knurren. Sich an Flusskrebsen satt zu essen, ist wohl kaum möglich. Da auch Jalo, genauso wie Juha, angekündigt hatte, kaum Essen im Haus zu haben, erhebe ich mich und betätige seinen Wasserkocher.

„Macht nur“, ermuntert mich unser Gastgeber, „Ich habe meine Reserven zum Abendessen vor einigen Stunden verspeist.“

Hungrig gieße ich unsere letzte Trekkingmahlzeit, Beef Stroganoff, zartes Rindergeschnetzeltes, auf. Ich rühre kräftig, rolle die Tüte zusammen, stelle sie auf den Tisch und kann kaum erwarten, dass alles richtig schön durchgezogen und essbar ist.

Von Jalo erfahren wir noch, dass die Straße, über die wir gekommen sind, erst seit den 1960er Jahren existiert und die Insel, auf der wir uns befinden, zuvor nur per Fähre und im Winter über das Eis erreichbar war.

Als ich mir ganz sicher bin, dass unser Dinner fertig ist, ziehe ich die Tüte zu mir heran, öffne sie und tauche meinen Esslöffel ein. Es dampft vor Hitze und duftet köstlich. Endlich etwas Magenfüllendes! Nach einigen Bissen reiße ich mich los und schiebe die Verpackung zu Cornelia hinüber. Daraufhin nimmt sie sich drei, vier Mal etwas vom Inhalt in den Mund, hört dann auf und widmet sich dem nächsten Flusskrebs. Ich wundere mich zwar über die Zurückhaltung, die ich so eigentlich nicht von meiner Freundin kenne, nehme mich dem Schicksal des Beefs aber aufopferungsvoll an und löffele die Tüte bis auf den Boden leer. Zufrieden lehne ich mich zurück und streiche mir über den Bauch. Nach einigen Minuten greift Cornelia nach der Packung, fährt mit ihrem Löffel hinein und schaut ziemlich verdutzt, als sie auf völlige Leere stößt. Da Jalo gerade mitten im Erzählen ist, lässt sie die Begebenheit unkommentiert, genauso wie auch ich schweige, während mein Verdauungsorgan mit der Verarbeitung der Zweipersonenmahlzeit hart zu kämpfen hat. Etwas reumütig muss ich dann beobachten, wie meine Freundin gierig einen Flusskrebs nach dem anderen aus dem Topf holt und vergeblich versucht, damit ihren Hunger zu stillen. Sie ist die einzige am Tisch, die noch isst …

Später im Zelt liege ich träge auf dem Rücken und starre an die Decke. „Meine Güte, bin ich voll“, stöhne ich und kann förmlich merken, wie die Rinderstreifen träge in meinem Magen umhertreiben.

„DAS“, betont meine Freundin jeden Buchstaben des Wortes so klar, dass ich aufschrecke, „wundert mich nicht. Schließlich hast du eine Zweipersonenmahlzeit nahezu allein gegessen. Warum nur hast du mir denn kaum etwas abgegeben?", hängt die Frage recht vorwurfsvoll im Raum.

Ich rolle mich schwerfällig auf die Seite, sehe meiner Freundin tief in die hungrigen Augen. „Ich dachte, du wolltest nichts mehr", und kontere mit einer Gegenfrage, „Warum nur, hast du denn aufgehört und deinen Löffel beiseitegelegt. Hm?"

„Man wird doch wohl mal eine Pause machen dürfen", erwidert sie daraufhin empört, „Außerdem", murrt sie weiter, „wollte ich höflich sein und das essen, was uns Jalo auf den Tisch gestellt hat."

Ein Knurren, das von einem leeren Magen kommt, und eines, das seine Quelle in vollkommener Überfütterung hat, durchdringen die finnische Nacht. Cornelia und ich schlafen ein …

Die Freude am simplen Leben 76 Kilometer
21. August: Sysmä bis vor Lahti

An Jalos Haustür klebt ein kleiner Zettel: „GUTEN MORGEN! Ich bin im Kuhstall. Jalo." Gerade als wir uns auf den Weg dorthin machen, spaziert er uns auch schon fröhlich entgegen und will wissen: „Seid ihr startklar?"

Vorfreudig lächelnd nicken wir.

„Dann los!", fordert er auf.

Wir laufen zum Wasser, wo unser Gastgeber sein Ruderboot greift und in den See schiebt. Nacheinander krabbeln wir hinein und legen ab. Für mich, die in der Mitte sitzt, hat er extra die Ruder eingehängt, damit ich mitmachen kann. Er manövriert uns mit seinem Paddel aber schon recht schnell, sodass es mir vorkommt, dass er mir nur das Gefühl geben möchte, zur Fortbewegung beizutragen. Nach nur wenigen Bewegungen sind wir dann nämlich auch schon an der Stelle angelangt, an der es interessant wird. Jalo hat es sich zur Aufgabe gemacht, uns nicht nur in die Geheimnisse des Flusskrebsessens einzuweihen, sondern auch zu zeigen, wie er sie fängt. Behände zieht er eine Reuse heraus und hievt sie über die Bordwand. Einige Tiere sind ihm über Nacht ins Netz gegangen. Um uns zu demonstrieren, wie sie lebendig aussehen, holt er ein besonders großes Exemplar heraus und streckt es mir entgegen. Es öffnet und schließt drohend seine Zangen und grinst mich ziemlich fies an – zumindest meine ich dies im Gesicht des Gliederfüßers abzulesen. „Sie hat viel mehr von euch gegessen!", flüstere ich dem Tier zu und deute unauffällig auf Cornelia. „Ich hatte ja genügend Beef Stroganoff", verteidige ich mich weiter.

„Nimm doch mal in die Hand", stichelt Cornelia von hinten.

Das Kerlchen sieht aus, als hätte es große Lust, mir in die Nase zu zwicken, weshalb ich dankend verzichte. „Lieber nicht", rutsche ich ein Stück weg.

Jalo lacht und lässt das Fangnetz wieder ins Wasser.

Gegen halb elf Uhr rollen wir von Jalos Grundstück, winken und rufen ihm zum Abschied zu. „Was für eine

Zeltplatz bei Jalo

Ohrfeigen schmecken immer!

schöne Zeit", freuen wir uns und lächeln beim Gedanken an Jalos sympathische Art. Ganz typisch Lehrer hat er zu verschiedensten Themen immer wieder gefragt: „Wisst ihr, warum das so ist?" Nach kurzer Pause ging es dann beinahe nahtlos weiter: „Ich erkläre es euch …" Dabei wirkte er niemals überheblich, sondern schaffte es stets, uns charmant Wissen zu vermitteln. Er schreibt an einem wissenschaftlichen Buch, bei dem es um hochkomplexe physikalische Zusammenhänge geht, und hat unermüdlich versucht uns diese transparent zu machen. Wieder einmal musste ich in den vergangenen Stunden an meine Schulzeit denken, erinnerte mich an nicht enden wollende Mathe- und Physikstunden … Wie schön, dass das vorbei ist!

Am Supermarkt in Sysmä, rund sechzig Kilometer nördlich der Stadt Lahti am Ostufer des Päijänne-Sees, kommen wir zum Stehen und decken uns äußerst großzügig mit Lebensmitteln ein. Endlich kann sich Cornelia, in deren Magen lediglich ein paar klägliche Flusskrebsreste umherschwimmen, mal wieder satt essen.

Wir schlagen die Richtung nach Asikkala/Vääksy ein und erfreuen uns an insgesamt ruhigen Straßen, die sich mit Radwegen abwechseln. Einige Male führt uns die Route über Brücken und ermöglicht die Aussicht auf verschiedene Seen. Im Land der tausend Seen gibt es sogar noch mehr als die erwähnten 187.888 Gewässer, denn in diese Zählung haben es nur die Seen geschafft, welche mindestens fünfhundert Quadratmeter groß sind. Kein Wunder also, dass wir so zahlreich mit Blicken auf das kühle Nass belohnt werden. Doch nicht nur wir erfreuen uns an der weiten glitzernden Landschaft, sondern auch zahlreiche Sonntagsausflügler, vor allem Motorradfahrer, die das schöne Wetter nutzen.

Bei Sonnenschein erreichen wir einen Supermarkt, in dessen Vorraum es – wie fast überall – von Spielautomaten nur so wimmelt. Sie sind auch in Kneipen, Cafés und Restaurants zu finden und fast immer besetzt. Eine klare Zielgruppe konnte ich in den vergangenen Wochen nicht ausmachen. Von der Omi über den adipösen Trinker bis hin zur Durchschnittshausfrau und dem berufstätigen Anzugträger war alles dabei.

Wir schlemmen Eiscreme, vertiefen unsere Bräune und folgen dann der Straße 24 nach Lahti, siebtgrößte Stadt des Landes. Etwa zwölf Kilometer vor ihr finden wir einen Zeltplatz.

Dieses simple Leben auf der Straße und im Wald wird uns schmerzlich fehlen. Je näher Helsinki, Ziel unserer Tour, heranrückt, umso deutlicher wird mir bewusst, dass das hier bald vorbei sein wird. Die viele Bewegung, frische Luft im Übermaß, Nächte in der Natur, Kochen mit Gas und nur einem Topf – all das ist so selbstverständlich geworden, dass der Gedanke an Städte, geschlossene Räume und Luxusgüter nur sehr, sehr wenig Vorfreude in mir weckt.

Vom schweigsamen Finnen 68 Kilometer
22. August: Lahti bis 50 Kilometer vor Helsinki

Über die Straße 24 und per Radweg erreichen wir Lahti bei Regen. Die Stadt ist Zentrum des nordischen Skisports und gilt als Sporthauptstadt Finnlands. Davon bekommen wir beim Befahren des Ortes jedoch nichts mit. Im Westen der Stadt gibt es einen umfassenden Sportkomplex, wo sich Skisprungschanzen befinden. Unsere Route verläuft anders und die eigene sportliche Leistung steht gerade sowieso im Vordergrund. Als wir nämlich stoppen, um uns unterzustellen, blickt Cornelia auf ihren Fahrradcomputer und sieht, dass wir exakt tausendfünfhundert Kilometer seit Kolari zurückgelegt haben, inklusive aller Um- und Extrawege. „Stark!", klatschen wir stolz ab.

Vorsichtig rollen wir dann durch die Stadt, immer wieder an Schulkindern mit Ranzen vorbei und sind am Ortsausgang nicht ganz sicher über den weiteren Wegverlauf. Aus diesem Grund und da es noch immer regnet – Die finnischen Wetterdienste lassen wirklich zu wünschen übrig! – stoppen wir und stellen uns in einem Hauseingang unter. Da ein ganzes Weilchen niemand zum Befragen vorbeikommt, macht sich Cornelia auf den Weg in ein Café und kehrt nach wenigen Minuten mit zwei großen Bechern Smoothie zurück.

„Wie kommen wir denn dazu?", will ich wissen und koste neugierig.

„Der Cafébesitzer war so begeistert von uns und der Distanz, die wir zurückgelegt haben, dass er mir die beiden Drinks in die Hände drückte. Bezahlen sollen wir nur, wenn wir wollen, müssen aber nicht. Außerdem", deutet meine Freundin zum Himmel, „habe ich erfahren, dass es ab 17.00 Uhr trocken sein soll."

„Das klingt doch gut!“, freue ich mich und frage: „Wollen wir reingehen?“

Cornelia nickt und wir schieben die Räder vor das Fenster des Cafés, treten ein. Meine Freundin stellt mich dem Besitzer vor, der mit einer Zeitung an einem Tisch sitzt, dabei aber aufmerksam beobachtet, ob einer seiner Gäste einen Wunsch haben könnte oder neue Kunden bedient werden wollen. Ich schätze den freundlichen Wirt auf Ende vierzig, Anfang fünfzig. Er erzählt, dass er deutsche Wurzeln besitzt, lange in den USA lebte, mit seiner finnischen Frau fünf Kinder hat und es liebt, Musik zu machen und Fremdsprachen zu erlernen. Wir schlürfen unser grünes Getränk, während er erzählt und zwischenzeitlich immer wieder aufsteht, um sich charmant um seine Kunden zu kümmern. Er spricht seinen größten Respekt für unsere Leistung aus und bedenkt uns mit den herzlichsten Wünschen. Den Smoothie wollen wir bezahlen, was für ihn genauso okay ist, wie es als Geschenk zu betrachten.

Auf dem Weg aus Lahti hinaus kommen uns Fußgänger entgegen, die anerkennend ihre Daumen heben. Vom zurückhaltenden und schweigsamen Finnen haben wir in den vergangenen Wochen nichts mitbekommen, im Gegenteil – die Menschen suchten den Kontakt zu uns immer wieder. Angeblich redet ein Finne nur, wenn es sein muss, und vor allem im Norden ist es ein Zeichen des Respekts, Mitmenschen in Ruhe zu lassen. Das liegt vermutlich an der geringen Bevölkerungsdichte. Hat ein Finne nichts zu sagen, dann lässt er es. Auch wenn die junge Frau, mit der sich Cornelia am Supermarkt in Oulu unterhalten hat, selbst fand, ihr Volk sei reserviert, können wir dies so nicht unterschreiben. Wer lässt denn Fremde in sein Haus, spricht sie an, wenn sie pausieren, oder sucht selbst während der Fahrt den (Augen-)Kontakt, wenn er oder sie doch eigentlich so schrecklich schüchtern und stumm ist? Für uns ist es ein Segen, diese Eigenschaft nicht kennengelernt zu haben, sondern mit offenen Armen aufgenommen worden zu sein.

Auf der Straße 140 folgen wir der Richtung nach Helsinki. Helsinki – Ende unserer Reise. Steht es auf Wegweisern geschrieben, wird es deutlicher. Wehmütig seufzend kommen wir vorwärts, wobei wir noch einmal mit einem breiten Seitenstreifen und wenig Verkehr belohnt werden. Die Zeit vergeht wie im Flug. In Windeseile ist die Strecke bewältigt und wir stoppen fünfzig Kilometer vor der Hauptstadt, bauen ein letztes Mal das Lager in freier Wildbahn auf.

Was ist das? Nichts brummt und surrt. Zum allerersten Mal gibt es keine Mücken. Wie kann das nur sein, soll uns der Abschied damit noch schwerer gemacht werden?

Mit Zettel, Stift und Handyrechner bewaffnet, machen wir einen Kassensturz und stellen fest, dass wir bis zum heutigen Tag insgesamt dreihundertfünfzig Euro pro Person ausgegeben haben. An manchen Stellen, vor allem bei Sehenswürdigkeiten, konnten wir zwar dank unserer Presseausweise einiges an Geld einsparen, aber alles in allem ist es auch ohne selbige möglich, das Land preiswert kennen und lieben zu lernen. Das liegt vor allem an der Erlaubnis, wild zu campen, und der hohen Supermarkt-Dichte. Essen aus dem Regal ist eben kostenschonender als in Restaurants und Cafés zu speisen. Außerdem finden wir es viel gemütlicher, an der frischen Luft und in der Natur zu schlemmen.

68 Kilometer (inkl. Umwegen)

Auf der Zielgeraden

23. August: Helsinki

Es fängt erst einmal alles ganz entspannt an, mit einem Blaubeer-Blätterteig-Teilchen, einer langen Mittagspause bei Sonnenschein und einem Radweg, den wir statt der Straße 140 bald befahren können. Er scheint beliebt zu sein, sowohl bei anderen Bikern als auch bei Joggern und Sommerskifahrern.

Erst, als wir der Hauptstadt dann wirklich nah sind, fangen die Schwierigkeiten an. Wir folgen nicht mehr der Richtung, welche die Straße 140 nach Helsinki vorgibt, sondern werden von einer parkenden Autofahrerin geradeaus durch ein waldähnliches Gebiet geschickt. Da wir keine Ahnung haben, wo wir sind und es an Schildern fehlt, müssen wir immer wieder nachfragen, stoßen zwar grundsätzlich auf hilfsbereite Mitmenschen, irren aber ganz schön umher.

Eine Frau, die zehnte Person, die wir nach dem Weg fragen, begleitet uns sogar für einige Kilometer per Fahrrad. Dabei erzählt sie, dass sie bis vor wenigen Wochen in Griechenland lebte, nun aber wieder in die Heimat zurückgekehrt ist. „Die Finnen waren früher viel rücksichtsvoller im Straßenverkehr“, hält sie mit Blick auf einen Zebrastreifen fest. „Man wurde immer hinübergelassen“, ergänzt sie. Wir sind überrascht von dieser Aussage, denn wir hatten stets das Gefühl, sicher über die Straße zu kommen.

Nachdem sie sich verabschiedet hat, weil sie am Ziel, bei ihrer Freundin, angekommen ist, rollen wir ein Stückchen auf eigene Faust weiter, bis wir eine Frau mit Hund konsultieren. Auch mit ihr führen wir ein freundliches Gespräch über die Tour und hören, dass dieser Sommer wettermäßig wirklich außerordentlich gut war beziehungsweise ist. Mit der Beschreibung des Weges in das Zentrum tut auch sie sich schwer – genauso wie all ihre Vorgänger. Wir müssen wirklich auf ganz außergewöhnliche Weise an den Stadtrand gelangt sein …

Nach schätzungsweise zwanzig Runden Smalltalk – mal länger, mal kürzer – können wir vermuten, wenigstens annähernd im Stadtkern zu sein. Ein junger Mann, der sieht, wie wir uns mit dem Stadtplan abmühen, bietet seine Hilfe an. Auf die Frage nach dem Zeltplatz schickt er uns auf ziemlich einfachem Wege dorthin. Seine Aussage, es gebe nur einen Zeltplatz, fünfzehn Kilometer von der City entfernt, deckt sich mit der einer anderen Passantin, die wir zuvor sprachen. Uns stört das nicht, im Gegenteil, wir freuen uns über die Möglichkeit, in den nächsten Tagen weiterradeln zu dürfen und langsam abzutrainieren, bevor uns dann die heimischen Schreibtische wiederhaben.

Nach einem Einkauf von ganz vielen Dingen, die wir lieben, rollen wir gen Osten und erreichen auf hervorragenden Radwegen den Fünf-Sterne-Zeltplatz „Rastila". Nach exakt 1.582 Kilometern – von kleinen Umwegen mal abgesehen – stehen wir an der Rezeption und checken in unsere letzte Bleibe ein. Mit insgesamt siebenundzwanzig Euro pro Nacht kommt der Platz günstiger davon als der beim Weihnachtsmann.

Das Treffen mit Santa Claus Anfang August, oben im Norden, erscheint uns, als wäre es ewig her. Auf einer überdachten Bank mit Tisch, den wir nur für uns allein haben, ist alles an verdienten Gaumenfreuden ausgebreitet: Käsewürfel, Baguette, Oliven und Bier. Wir erheben die Dosen und stoßen an, auf jeden gefahrenen Kilometer und siebenundzwanzig Tage, an denen wir auf dem Sattel saßen und in die Pedale traten, bei Wind und Wetter.

Von Lebensmittelschlachten und verglasten Toiletten

24. bis 26. August: Helsinki

An Finnlands Hauptstadt haben wir hohe Erwartungen. Dank unserer Freunde und Bekannten, die sie in höchsten Tönen lobten, eilt ihr ein guter Ruf voraus. Ein umfangreiches Netz von Radwegen sowie weitläufige Grün- und Parkanlagen sollen ein entspanntes Radeln, auch entlang der touristischen Highlights, ermöglichen. In Reiseführern heißt es, Helsinki sei eine lebendige Stadt am Meer mit sehenswerten Inseln und großen Grünflächen. Der Rhythmus der Stadt wird als entspannt und zugleich erfrischend beschrieben. Coole Stadtteile, Straßenzüge mit architektonisch besonderen Bauten sollen neben Klassikern wie dem Markt, Hafen, der russisch-orthodoxen Kathedrale, dem Parlamentsgebäude, der Felsenkirche, dem Sibelius Monument und dem strahlend weißen Dom punkten.

Wir sind neugierig, schließen die Räder an und verschaffen uns zunächst per Fahrt mit der Straßenbahnlinie 2

Stadtbummel durch Helsinki

Im Abendlicht an den Schiffen vorbei, toll!

einen Überblick. Trotz der Infobroschüre, welche es im Touristenbüro in der Nähe des Marktplatzes am Hafen gibt, bekommen wir lediglich ein grobes erstes Gefühl für unsere Umgebung vermittelt, was für den Ticketpreis von gut drei Euro aber auch völlig okay ist.

Viel lohnenswerter ist da allerdings der Weg auf das Dach des Solo Sokos Hotel Torni in der Yrjönkatu 26, wo sich eine Bar mit einem ganz besonderen stillen Örtchen befindet. Über einen Fahrstuhl gelangen wir nach oben und steuern zielgerichtet das Damen-WC an. Gemeinsam huschen wir hinein, schließen ab und sehen uns staunend um. Eine grandiose Aussicht bietet sich uns so weit über den Dächern der Stadt. Der Raum ist nicht sehr groß, vielleicht ist es ein halber Meter, der die Toilettenschüssel von den Fenstern trennt. Vor lauter Begeisterung ist gar nicht daran zu denken, hier Pipi zu gehen …

Im Schein der untergehenden Sonne das Hafenviertel zufrieden radelnd zu verlassen, stellt einen gelungenen Ausklang für uns dar. Von den letzten Strahlen beschienen, zeigt sich die Uspenski-Kathedrale im besonders schönen Abendkleid. Sie ist vom Architekten Alexei Gornostajew im russisch-byzantinischen Stil entworfen und 1868 geweiht worden. Das Bauwerk verfügt über dreizehn Kuppeln mit vergoldeten Spitzen, besteht aus roten Ziegelsteinen und ist die größte orthodoxe Kirche im westlichen Europa.

Beleuchtete Schiffe, auf denen getrunken, gefeiert und gespeist werden kann, runden das Bild ab, das uns sehr gefällt.

Die Stadt hat mehrere Märkte, von denen wir uns zwei anschauen. Im Zentrum befindet sich der älteste, der eine Plattform für Fischer, Gemüsehändler, Souvenirverkäufer, Touristen und Einheimische bildet. Es herrscht viel Gewimmel, das wohl auch entsteht, weil von hier Wassertaxen und Sightseeing-Boote zu den Inseln und Hafenrundfahrten aufbrechen. Wir erwerben bei einem freundlichen Verkäufer einige Lesezeichen aus Holz, die er uns über Nacht gravieren wird, ohne uns vorher abzukassieren. Er will wissen, wo überall wir waren, wie es ist zu zelten und ob es auf den Campingplätzen Hütten gibt.

Ein wenig Inselhopping wollen auch wir erleben und kaufen – auf Empfehlung der beiden Mädels vom Zeltplatz in Jyväskylä – ein Ticket für sieben Euro, mit dem wir Vallisaari, Suomenlinna und Lonna zu sehen bekommen sollen. Vom zweiten Stopp, Suomenlinna, einer Seefestung, hatte selbst der Weihnachtsmann geschwärmt und weil Santa Claus garantiert immer richtig liegt, folgen wir selbstverständlich seinem Tipp. Auf mehreren miteinander verbundenen Inseln liegt sie, seit der Errichtung im Jahr 1748. Heute gehört sie zu den kulturellen Schätzen des Landes. Die Inseln beherbergen aber nicht nur die beliebte Sehenswürdigkeit, sondern sind zugleich Heimat für etwa achthundert Einwohner der Stadt. Im Jahr 1991 ist die Festung in die UNESCO-Weltkulturerbeliste aufgenom-

In luftiger Höhe: Fahrt mit dem Riesenrad

men worden, um als Beispiel herausragender europäischer Militärarchitektur für nachfolgende Generationen erhalten zu bleiben.

Uns interessiert dort vor allem das finnische U-Boot Vesikko, welches in den 1930er Jahren gebaut und im Zweiten Weltkrieg eingesetzt wurde. Es ist hervorragend restauriert und vermittelt einen echten Eindruck von der beengten Arbeitsumgebung der Besatzung und der Technik zu jener Zeit. Betten gab es weniger, als Besatzungsmitglieder Platz fanden, weil einige Männer ja sowieso immer wach sein mussten und die Crew in Schichten arbeitete.

Zurück in der Stadt sticht bei unserer Fahrt mit dem Riesenrad SkyWheel vor allem der Dom hervor. Die evangelische Kirche gilt als das bekannteste Wahrzeichen Helsinkis und liegt am Senatsplatz. Der klassizistische Dom ist eine Kreuzkuppelkirche mit einem Grundriss in der Gestalt eines griechischen Kreuzes. Carl Ludwig Engel, der die ersten Pläne für den Dom lieferte, wählte diese Form, da das Bauwerk so von allen Seiten zu sehen sein würde. Cornelia, die sich in verglasten Gondeln, welche durch luftige Höhen schweben, nicht ganz wohl fühlt, lächelt auf den Fotos, die ich von ihr schieße, doch sehr verkniffen. Aber im Hintergrund ist immerhin ganz wunderbar das Gotteshaus zu erkennen.

Mit Dosenbier und beim Besuch einer Bühne im Park holen wir bei meiner Freundin die Lockerheit zurück. Wie an so vielen Orten des Landes findet auch in der Hauptstadt ein Festival statt. Während der „Helsinki Festwochen" füllen sich die Straßen und Plätze mit einem bunten Programm aus Klassik, Weltmusik, Pop, Theater …

Im Hipster-Viertel Kallio finden wir irgendwie nicht so richtig, wonach wir gesucht haben: Eine Ansiedlung trendiger Cafés, Coffeeshops und Boutiquen sowie junge, unternehmerisch denkende Kreative, die etwas auf die Beine stellen wollen. Kallio soll laut Prospekt mit heruntergekommenem Chic glänzen und durch besondere Einzigartigkeit überzeugen. So lohnenswert, wie das im Werbeheft klingt, finden wir es nicht. Die mehrgeschossigen Häuser beherbergen zwar Gastronomie, insgesamt empfinden wir jedoch weder die Straßenzüge noch die Art der Bauten als besonders außergewöhnlich. Die Menschen fallen ebenso wenig mit Kleidungsstil oder anderen Eigenarten auf. Vielleicht hätten wir unsere Begeisterung steigern können, wenn wir weiter gen Norden geschlendert wären. Das Viertel Vallila soll mit seinen Holzhäusern bezaubern. Immerhin können wir einräumen, dass uns die Markthalle „Hakaniemi kauppahalli" besser als ihr Pendant am Hafen gefällt. Sie ist weniger touristisch, mehr Einheimische sind hier unterwegs, was uns viel interessanter erscheint.

Alles andere als touristisch geht es auch auf unserem Weg zu den Fahrrädern zu. Wir wollen das Hipsterviertel eigentlich gerade wieder verlassen, da präsentiert sich uns eine meterlange Spur aus Mehl, Eiern, Joghurt und Milch

Sibelius Denkmal

auf dem Gehweg. Wir schieben unsere Drahtesel, bis wir an einem Rasen, auf dem eine riesige Menschenansammlung tobt, zum Stehen kommen. Junge Personen, verkleidet und viele mit Polizeimützen auf den Köpfen, zerschlagen Eier auf den Häuptern ihrer Mitmenschen. Manche knien auf der Wiese und lassen sich bereitwillig mit Milchprodukten übergießen. Und es werden immer mehr. Eine Gruppe völlig verschmierter Mädels, von denen eine kräftige Senfnote ausgeht, gesellt sich dazu und integriert sich sogleich munter in die Lebensmittelschlacht. Neben uns stehen andere Schaulustige, die ich befrage: „Wisst ihr, was hier los ist?“

„Ja“, erhalte ich sogleich Antwort. „Die Uni beginnt bald und die älteren Semester begrüßen auf diese Weise die Studienanfänger.“ Als wir das hören, sind wir irgendwie erleichtert. Zuvor erschien uns das Szenario schon irgendwie befremdlich und wir befürchteten, es handele sich um eine politische Protestaktion, die eskalieren könnte. Cornelia, die vor allem eine Demütigung darin sah, dass einige der Teilnehmer kniend darauf warteten, mit Essen beschmutzt zu werden, ist besonders froh über die harmlose Erklärung.

Im Park, in dem sich das Sibelius Denkmal befindet, werden wir erneut Zeugen dieser außergewöhnlichen Welcome-Kultur. Hier läuft es sogar regelrecht organsiert ab. Alle tragen zu groß geratene Hosen. Die Farbe richtet sich nach der Teamzugehörigkeit. Überall auf den Wiesen stehen Grüppchen und erfüllen witzige Aufgaben. Einige tanzen, andere singen und wiederum andere absolvieren einen Parcours. Ich beobachte, wie ein junger Mann durch einen Menschentunnel getragen wird und dabei ein Glas Sekt balanciert, aus dem nichts verschüttet werden darf. Apropos Alkohol: Was uns auffällt, ist, dass zwar hier und da mal jemand mit einer Flasche Bier oder Wein zu sehen ist, sich aber kaum einer so richtig betrinkt. Die Freude am Spiel scheint im Vordergrund zu stehen, weitestgehend nüchtern …

Das Sibelius Denkmal, eigentlicher Grund unseres Besuchs, stammt von der karelischen Bildhauerin Eila Hiltunen, die es im Jahr 1967 entworfen hat. Johan Julius Christian Sibelius war ein finnischer Komponist. Das orgelförmige Kunstwerk besteht aus riesigen Stahlröhren, unter denen wir entlangspazieren können, und verfolgt das Ziel, die Essenz der Musik Sibelius' einzufangen. Eine Porträtplastik des angesehensten finnischen Tonsetzers, besser bekannt als Jean Sibelius, befindet sich in einigem Abstand neben dem Monument.

Die Naturverbundenheit der finnischen Architektur zeigt sich sehr eindrucksvoll anhand der Felsenkirche. Ein wenig abseits des Zentrums im Stadtteil Vorder-Töölö hat man von oben in einen Felsenhügel einen Raum gesprengt und mit einer Kuppel aus Glas und Kupfer gekrönt. Die Wände sind aus nacktem Fels. Zahlreiche Konzerte finden hier statt und wir haben das große Glück, Zeuginnen einer Probe zu werden. Der Klang ist magisch, die Atmosphäre einzigartig, trotz des Felsens wirkt es nicht kalt, was vielleicht auch am hellen Lichteinfall durch das gläserne Kup-

Bandprobe in der Felsenkirche

peldach liegt. Wir haben sofort eine dicke Gänsehaut und sitzen lange auf einer der Bänke, genießen jeden Klang aus den Instrumenten und den Mündern der Sängerinnen und Sänger. Irgendwann stürmt eine Reisegruppe Asiaten in den verzauberten Raum. Schneller, als wir „Frühlingsrolle" sagen können, ist sie auch schon wieder weg. Wie die Waffen bei einem Überfall zückten die Reisenden ihre Kameras, lichteten in Windeseile alles ab, was sich fotografieren ließ, und verschwanden. Diese Eile passt so gar nicht hierher in diesen Raum, der eher zur träumerischen Ruhe einlädt. So lehnen wir uns entspannt zurück, sind froh, mehr Zeit für diesen Ort zu haben.

Unser Basislager, den gepflegten Zeltplatz mit warmem Aufenthaltsraum, konnten wir täglich auf besten Radwegen in schönster Umgebung, teils direkt am Meer, innerhalb von gut einer Dreiviertelstunde Fahrzeit erreichen. Für zwei Bikerinnen wie uns, nach all den Kilometern, pure Entspannung. Ja, das Paket war hier perfekt geschnürt: Ausschlafen im Zelt, Morgenkaffee in der überdachten Camperküche, Frühsport an der frischen Luft, Sightseeing in der Stadt und zum Tagesabschluss Relaxen mit Wein oder Bier auf der Couch.

Und Helsinki insgesamt – War es so schön, wie angekündigt? Diese Frage zu beantworten, fällt uns beiden schwer, denn einerseits ist die Stadt durchaus sehenswert, hat einiges zu bieten, in vielerlei Hinsicht. Andererseits ist es uns nicht gelungen, unser Feuer für Helsinki zu entfachen. Es gibt Orte, wie Lissabon oder Ljubljana, in die ich meine Nase für nur fünf Minuten stecken musste, um mich schon hoffnungslos zu verlieben. Vielleicht hätten wir eine größere Begeisterung entwickelt, wenn wir schmalere Gässchen, charmant enge Fußgängerzonen gefunden hätten. Gefunkt hat es jedenfalls nicht so richtig zwischen Finnlands Hauptstadt und uns. Aber, und dies soll mein letztes Wort zu Helsinki sein, lohnenswert ist der Besuch allemal und durchaus als runder Abschluss für eine Radtour, wie wir sie unternommen haben, geeignet.

Rückreise
27. August: Zurück auf der Fähre ...

Mein Blick schweift über die Sitzreihen, ein beleibter Mann schnarcht Sabberblasen, während ein Teenie mit großen Kopfhörern auf seinem Smartphone herumspielt. Eine Frau wälzt einen dicken Roman, der Typ neben ihr nippt verträumt an seinem Bier. Wenn Marius Müller-Westernhagen jetzt da wäre, würde er singen, was ich denke:

Ich bin wieder hier, in meinem Revier
war nie wirklich weg
hab mich nur versteckt

Da stehen wir also im Ruhebereich der Fähre, nachdem wir sagenhafte tausendsechshundert Kilometer Fahrrad gefahren sind, stolz, glücklich, aber auch traurig, dass es vorbei ist.

Meine Augen suchen nach interessanten Mitbewohnern, finden aber leider keinen betrunkenen Rocker mit Glatze und Spinnentattoo.

Wir stoßen die schwere Tür zum Sonnendeck auf und werden von der strahlenden Schönheit eines perfekten Sonnenuntergangs geblendet. Das Meer glüht und konkurriert mit dem brennenden Himmel darüber. Pärchen stehen an der Reling und küssen sich leidenschaftlich. Ein Seufzer verlässt meine Lippen. Es ist also doch ein bisschen so, wie es vor fast fünf Wochen angefangen hat. In meinem Kopf ertönt wieder Westernhagen:

Ich find dich wunderschön
zu schön um zu versteh'n
dass alles mal vergeht
in meinen Träumen

Auch unsere Reisen sind vergänglich und jedes Mal ist ihr Ende ein Abschied, der irgendwie wehtut. Aber ich weiß, wir sind nie wirklich weg. Solange es geht, werden wir uns den Erdball anschauen, neue Orte entdecken und überall auf der Welt Menschen in unser Herz lassen.

In der Dunkelheit der Nacht erreichen wir das beleuchtete Hafengelände in Travemünde. Im Bauch des riesigen Schiffes warten unsere Fahrräder, treue Gefährten. An der Stelle, wo mein Bike zur Anreise stand, suche ich ein letztes Mal hoffnungsvoll nach dem roten Reparaturbeutel. Er ist nicht da. Dann rollen wir über die Rampe hinab und wissen noch nicht, dass wir gerade Cornelias Sandalen auf dem Deck zurücklassen. Ja, es reist sich eben besser mit leichtem Gepäck …

Karte

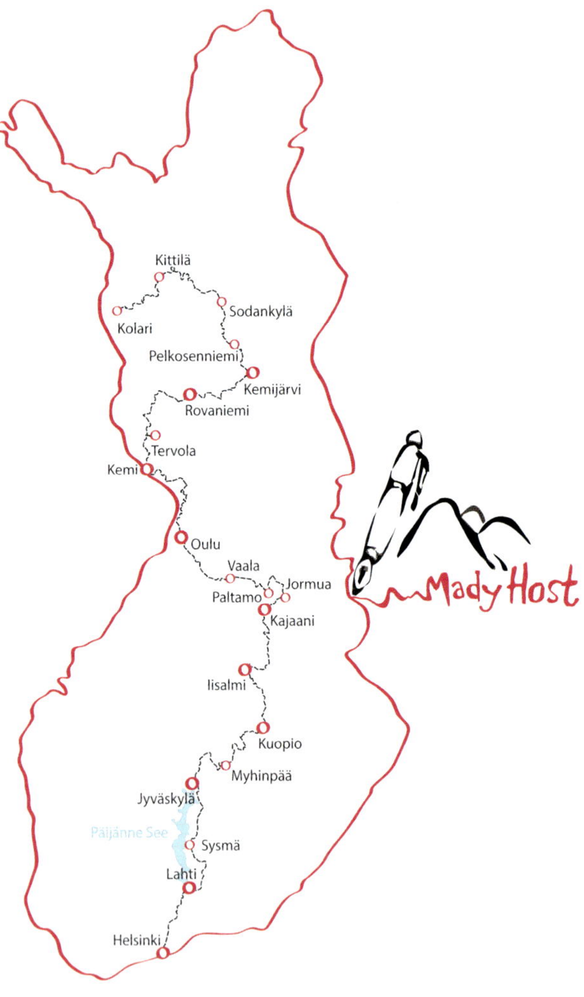
Kittilä
Sodankylä
Kolari
Pelkosenniemi
Kemijärvi
Rovaniemi
Tervola
Kemi
Oulu
Vaala
Jormua
Paltamo
Kajaani
Iisalmi
Kuopio
Myhinpää
Jyväskylä
Päijänne See
Sysmä
Lahti
Helsinki
Mady Host

Ausrüstungsliste

Übernachtungsequipment
- Schlafsack, ggf. Inlet
- Isomatte
- Kissenhülle
- Zelt, Bodenplane

Bekleidung
- Turnschuhe, Outdoor-Sandaletten
- Regenhose und Regenjacke
- 2 T-Shirts, Unterwäsche, Socken
- 2 Hosen (Radler und normal), Fleece-pullover
- Softshelljacke, Weste
- Bikini, Schlafshorts, Top, Buff/ Hut,
- Sonnenbrille, Gürtel

Körperpflegeartikel
- Zahnbürste, Zahnpasta
- Miniduschbad + Shampoo (2 in 1)
- Deo-Stick, Feuchte Kosmetiktücher
- Mikrofaserhandtuch
- Kontaktlinsenutensilien + (Ersatz-) Brille
- (Sonnen-) Creme, Wattestäbchen
- Spiegel
- Nagelschere, Pinzette
- Einwegrasierer
- Haargummi, Kamm
- Insektenspray

Dokumente
- Personalausweis, Kreditkarte, EC-Karte,
- Tickets, Geld, Euro und ggf. Landeswährung
- (Auslands-) Krankenversicherung
  Impfausweis

Sonstiges
- Survival-Set, Bindfaden, Nähzeug, Tape
- Stirnlampe, Feuerzeug
- Taschenmesser/Korkenzieher
- Wasserabweisender Notizblock, Kugelschreiber
- Adressenliste + Notfallnummern
- Waschmittel in der Tube
- Plastiktüten, Mülltüten
- Handy
- Foto- und Videokamera + Chipkarten
- Reiseführer, E-Book-Reader
- Souvenirs/Gastgeschenke
- Adapter, Kabel, Card Reader, Ladegeräte
- Mp3 Player, Skat Karten
- Taschentücher, Toilettenpapier
- Schlafmaske, Ohrenstöpsel
- Warnweste, Helm, Fahrradhandschuhe
- Werkzeug
- Fahrradtaschen
- MEIN TIPP: „Zzing": Akkuladegerät fürs Fahrrad

Medikamente
- Erste-Hilfe-Set inkl. Bindfaden
- Bepanthen Wund- und Heilsalbe
- Tabletten für bzw. gegen Verstopfung und Durchfall
- Kaugummis gegen Reiseübelkeit
- Grippostad/Schmerz- und Fiebermittel
- Antiallergikum, Nasentropfen, Hustenbonbons
- Tiger-Balm
- Blasenpflaster, Vitamintabletten
- Desinfektionsmittel, Zeckenzange

Ernährung
- Kocher, Topf
- Löffel, Tasse
- Kartusche
- Proviant, Wasserflaschen

Quellenangaben

[1]Finnisches Sprichwort, Bernd Gieseking: Das kuriose Finnland Buch, S. Fischer Verlag GmbH 2014

Literaturverzeichnis

Gieseking, Bernd: Das kuriose Finnland Buch, S. Fischer Verlag GmbH 2014

Hámos, Ildikó; Sohlo Ilari: Kulturschock Finnland, REISE KNOW-HOW Verlag Peter Rump GmbH 2011

Kruse-Etzbach, Dirk: Iwanowski`s Finnland, Reisebuchverlag Iwanowski GmbH 2012

Ranft, Ferdinand (Hg.): Marco Polo Finnland, Mairs Geographischer Verlag 2003

Schatz, Roman: Gebrauchsanweisung für Finnland, Piper Verlag GmbH 2014

Über die Reisende ... Mady Host

Mady Host, geboren 1985, lebt in ihrer Heimatstadt Magdeburg. Die studierte Sozial- und Gesundheitsjournalistin bereist von ihrem „Basislager“ aus die verschiedensten Länder – oftmals ausgerüstet mit Rucksack, Zelt und festen Wanderschuhen oder in Begleitung ihres Fahrrades. Ihr erstes Buch erschien im Jahr 2009. Seitdem veröffentlicht sie regelmäßig Bücher, Blogtexte, Fotos und Videos. „Ohrfeigen zum Frühstück“ ist das 6. Buch der Autorin.

In den vergangenen Jahren hat Mady deutschlandweit in Cafés, Bars und Bibliotheken von ihren Abenteuern berichtet. In ihren kurzweiligen Präsentationen zeigt die Reisende Fotos und Videos ihrer Touren, erzählt von Land und Leuten, liest Textpassagen aus ihren Büchern. Mit ihrer abwechslungsreichen Vortragsgestaltung weckt sie das Fernweh der Zuhörerinnen und Zuhörer und lädt sie zu einer Auszeit vom Alltag ein.

Mehr Infos und Kontaktdaten für Buchungsanfragen unter: www.mady-host.de

„Reiselust mit Mady Host Der Podcast für Ein- und Aussteiger"

Raus aus dem Alltag - für drei Tage, drei Monate oder drei Jahre. Jeder kann aussteigen!

In ihrem Podcast spricht Mady mit Menschen, die auf ihre Weise ausgestiegen sind - länger oder kürzer. Sie erzählen, was sie antrieb, welche Erkenntnise sie während ihrer Touren gewonnen haben und wie die Auszeit ihr Leben verändert hat. Neben diesen inspirierenden Gesprächen gibt es Tipps rund um`s Reisen. Also lasst euch anstecken!

Weitere Bücher der Autorin

Mit dem Zuhause auf dem Rücken tourt die Reiseschriftstellerin Mady Host zunächst alleine, dann mit ihrer Freundin Cornelia auf Schienen durch Europa. Innerhalb von sechs Wochen erleben die beiden jungen Frauen sechs Länder Europas in vollen Zügen.

Erhältlich im Buchhandel und auf http://shop.traveldiary.de/

Es ist nicht ihre erste Pilgerreise, doch diesmal ist Mady Host vier Wochen allein auf dem Jakobsweg unterwegs. Aber so wirklich allein mit sich selbst ist man selten auf den bekannten Pilgerrouten nach Santiago de Compostela. Auf dem Küstenweg erwandert Mady ihre Freiheit.

Erhältlich im Buchhandel und auf http://shop.traveldiary.de/

Außerdem im traveldiary Verlag erschienen ...

An einem Wintertag schwingt sich Dorothee Fleck auf ihr Fahrrad und beginnt eine spektakuläre Weltreise. Die alleinreisende Frau radelt innerhalb von 127 Wochen durch 26 Länder und legt dabei stolze 61.140 Kilometer zurück.

Erhältlich im Buchhandel und auf http://shop.traveldiary.de/